# Gökhan Sahin

# Chancen und Risiken der Industrie 4.0

## Wie die Digitalisierung für kleine und mittelständische Unternehmen gelingt

**Bibliografische Information der Deutschen Nationalbibliothek:**

Die Deutsche Nationalbibliothek verzeichnet diese Publikation in der Deutschen Nationalbibliografie; detaillierte bibliografische Daten sind im Internet über http://dnb.d-nb.de abrufbar.

**Impressum:**

Copyright © EconoBooks 2021

Ein Imprint der GRIN Publishing GmbH, München

Druck und Bindung: Books on Demand GmbH, Norderstedt, Germany

Covergestaltung: GRIN Publishing GmbH

# Inhaltsver


Abbildungsverzeichnis ............................................................................................................ V

Abkürzungsverzeichnis ......................................................................................................... VI

1  Einführung ........................................................................................................................ 1

   1.1   Hintergrund ................................................................................................................ 1

   1.2   Einleitung .................................................................................................................... 1

   1.3   Problemstellung ......................................................................................................... 4

   1.4   Zielsetzung und Gang der Untersuchung ............................................................. 5

2  Begriffsdefinitionen ........................................................................................................ 7

   2.1   Industrie 4.0 ............................................................................................................... 7

   2.2   Digitalisierung .......................................................................................................... 10

   2.3   Internationaler Vergleich und internationale Kooperation .............................. 12

3  Industrie 4.0 im produzierenden Mittelstand ........................................................ 17

4  Technologiefelder der Industrie 4.0 ........................................................................... 20

   4.1   Embedded Systems und Cyber-physische Systeme ........................................... 21

   4.2   Smart Factory ........................................................................................................... 22

   4.3   Internet der Dinge und Radiofrequenzidentifikation ....................................... 24

   4.4   Cloud Computing ..................................................................................................... 25

   4.5   Big Data und Datenauswertung ............................................................................ 26

   4.6   IT-Security und Robuste Netze .............................................................................. 27

5  Spannungsfelder der Industrie 4.0 ............................................................................ 30

   5.1   Fachkraftmängel und Bedrohung des Arbeitsplatzes ....................................... 30

   5.2   Mangelnde strategische Orientierung und fehlende Übersicht ....................... 33

   5.3   IT-Security ................................................................................................................. 35

   5.4   Finanzierungsprobleme der KMU ......................................................................... 37

**6   Handlungsfelder – Was sollen Unternehmen für den Einstieg in die Industrie 4.0 tun und welche Unterstützungsbedarfe sind gefordert** ...... **40**

6.1   Handlungsbedarf hinsichtlich der Sensibilisierung und Maßnahmen zur Unterstützung und Erhöhung der IT-Sicherheit von KMU ...... 41

6.2   Veränderung der Wertschöpfungskette ...... 44

6.3   Weitere Unterstützungsbedarfe ...... 48

**7   Erfolgsfaktoren bei Einführung von Industrie 4.0** ...... **51**

7.1   Effizienzsteigerung und Kostensenkung ...... 51

7.2   Arbeitserleichterung durch Einsatz von digitalen Assistenzsystemen ...... 52

7.3   Wettbewerbsvorteile durch informationsbasierten Wissensvorsprung ...... 54

7.4   Dynamische Wertschöpfungskette und digitale Geschäftsmodelle ...... 56

**8   Fazit** ...... **59**

**Quellenverzeichnis** ...... **61**

Literaturverzeichnis ...... 61

Internetquellen ...... 67

# Abbildungsverzeichnis


Abbildung 1: Zu erwartende Kosten- und Umsatzsteigerung im Zusammenhang mit Industrie 4.0 ........................................................................................................ 5

Abbildung 2: Von Industrie 1.0 bis Industrie 4.0 ............................................... 10

Abbildung 3: Reifegradmodell ............................................................................. 12

Abbildung 4:Industrie 4.0-Projekte nach Unternehmensgröße ........................ 18

Abbildung 5:Merkmale KMU ............................................................................... 19

Abbildung 6: Technologiefelder der Industrie 4.0 ............................................. 20

Abbildung 7: Smart Factory ................................................................................. 23

Abbildung 8: Veränderung der Bereiche ............................................................. 40

Abbildung 9: Wertschöpfungskette ..................................................................... 44

Abbildung 10: Netzwerkeffekte ........................................................................... 47

# Abkürzungsverzeichnis

| | |
|---|---|
| 3D | dreidimensional |
| 5G | fifthgeneration |
| AGP | auftragsgesteuerte Produktion |
| AR | Augmented Reality |
| BMWi | Bundesministerium für Wirtschaft und Energie |
| Breko | Bundesverbandes Breitbandkommunikation |
| BSI | Bundesamt für Sicherheit in der Informationstechnik |
| CM | Condition Monitoring |
| CPPS | Cyber Physical Production System |
| CPS | Cyber-physische-Systeme |
| CRM | Customer-Relationship-Management |
| DGB | Deutscher Gewerkschaftsbund |
| ERP | Enterprise-Resource-Planning |
| EU | Europäische Union |
| GEMINI | Geschäftsmodelle für Industrie 4.0 |
| HGB | Handelsgesetzbuch |
| I4.0 | Industrie 4.0 |
| IfM | Institut für Mittelstandsforschung |
| IIC | Industrial Internet Consortium |
| IKT | Informations- und Kommunikationstechnologien |
| IoT | Internet of Things |
| ISMS | Informationssicherheitsmanagementsystem |
| IT | Informationstechnik |
| IVI | Industrial Value Chain Initiative |
| KMU | kleine und mittlere Unternehmen |
| KPI | Key-Perfomance-Indicator |
| LAN | Local Area Network |

| | |
|---|---|
| LTE | Long Term Evolution |
| MIIT | Ministerium für Industrie und Informationstechnologie |
| RAMI 4.0 | ReferenzarchitekturmodellIndustrie 4.0 |
| RFID | Radio Frequency Identification |
| RRI | Robot Revolution Initiative |
| SPM | Supply Chain Management |
| USA | Vereinigte Staaten von Amerika |
| VDMA | Verband Deutscher Maschinen- und Anlagenbau |
| VR | Virtual Realitiy |
| W-LAN | Wireless Local Area Network |

# 1 Einführung

Die vorliegende Bachelorarbeit konzentriert sich auf die Themen „Digitalisierung und Industrie 4.0" und gewährt einen Einblick in die Bedeutung von Digitalisierung für Menschen, Unternehmen und deren Prozesse. Nach der Einleitung wird auf die spezifische Herausforderung vierte industrielle Revolution und deren Fragestellungen in Unternehmen gelenkt. Das letzte Kapitel beinhaltet die konkrete Zielsetzung und den Verlauf der Abschlussarbeit.

## 1.1 Hintergrund

„Verändert sich das Geschäftsmodell infolge der Digitalisierung, muss sich das Unternehmen anpassen oder verschwindet früher oder später vom Markt."[1]

Dieses Zitat ist nur eines von vielen Beispielen, die in Worte fassen, wie stark die Digitalisierung voranschreitet. Durch die Digitalisierung und die somit zunehmende Vernetzung aller Lebensbereiche können sich Unternehmen und Privatpersonen der Kommunikation über digitale Infrastrukturen und dem digitalen Handel nicht entziehen. Es verändert die gesamte Wertschöpfungskette und Geschäftsbeziehungen der Unternehmen. Digitale Infrastrukturen werden hauptsächlich von großen Unternehmen angeboten. Damit ein klein- oder mittelständisches Unternehmen weiterhin wettbewerbsfähig bleiben kann, muss es sich überlegen, in welchen Bereichen sie die Digitalisierung ausbauen möchte.[2]

## 1.2 Einleitung

Digitalisierung und Industrie 4.0 (I4.0) sind relevante Themen der heutigen Zeit. Dies wird deutlich bei jedem Griff zum Smartphone, bei Bestellungen über Amazon, Buchungen von Reisen im Internet, bei der Kommunikation mit Verwandten oder Freunden aus weiter Ferne oder das Teilen von Urlaubsbildern auf sozialen Netzwerken wie beispielsweise Instagram oder Facebook. Diese Dinge gehören für unsere Gesellschaft schon zum Alltag und sind Routine geworden.[3]

---

[1] Quelle: https://www.bitkom.org/Presse/Presseinformation/Digitalisierung-veraendert-die-gesamte-Wirtschaft.html (19.11.2019).

[2] Vgl. Wittpahl (2017), S.21.

[3] Vgl. Kollmann et al. (2016), S. 1 ff.

Anhand der Digitalisierung von Produktionsprozessen wird es verschiedene Auswirkungen unter anderem auf Unternehmen, Mitarbeiter und Prozesse geben. In der Phase der Digitalisierung, welche I4.0 ermöglicht, existieren bereits große Veränderungen. In Zukunft werden neue Innovationen und Optimierungen vor allem in der Produktion, Logistik und Mobilität stattfinden, da besonders in diesen Bereichenein hoher Automatisierungsgrad angestrebt wird. Dies hat wiederum zur Folge, dass auch Veränderungen im personellen und organisatorischen Bereich stattfinden werden.[4]

Seit mehr als zwanzig Jahren, ist eine Beschleunigung des gesellschaftlichen Wandels durch die Digitalisierung spürbar. Der Wandel erstreckt sich von der individuellen über die nationale bis hin zur globalen Ebene. Die Umstrukturierung und Disruption durch die Digitalisierung schreitet in verschiedenen Branchen fortlaufend voran. Vor einiger Zeit wurde die Schreibmaschinenindustrie vollständig vom Markt verdrängt und auch in der Foto-, Musik- und Filmindustrie gab es radikale Veränderungen. Nicht nur produzierende Branchen sind von diesem Wandel betroffen, sondern auch Dienstleistungsbranchen, der Versandhandel oder Vermittlungsdienste.Am deutlichsten spürbar ist der Wandel am Arbeitsplatz. KlassischeHilfsmittel wie Drucker, Scanner oder Telefone werden in vielen Branchen inzwischen durch Apps oder Programme ersetzt.[5]

Hieraus ergibt sich die gesellschaftliche Entwicklung und somit ein Kulturwandel, der einen Treiber der Digitalisierung darstellt. Die Vernetzung durch neue Technik bringt Vorteile als auch Nachteile mit sich. Ein Vorteil besteht darin, dassder Zugang zu Informationen wie z.B. das Abrufen von E-Mails in Echtzeit zu jeder Zeit und an jedem Ort möglich ist. Im Gegensatz dazu steht dem die Verschmelzung des Berufes mit dem Privatleben und der Datenschutz entgegen.

Außerdem ist ein „grünes Konzept" der Unternehmen gesellschaftlich relevant. Durch den Klimawandel und Rohstoffknappheit, werden Unternehmen immer stärker an ihrer umweltschonenden Produktion und der Transparenz der Herstellungs- und Fertigungsprozesse gemessen. Darüber hinaus kann jedes Individuumseine eigenen Interessen und Wünsche in den Produkten widerspiegeln. Dies ist vor allem in der Automobilbranche erkennbar, wo viele

---

[4] Vgl. Spieß et al. (2017), S.53.
[5] Vgl. Wittpahl (2017), S.5.

Automobilhersteller anbieten, ihre Serienfahrzeuge nach den persönlichen Vorstellungen und Wünschendes Kunden zu konfigurieren.[6]

Auch die technisch-ökonomische Entwicklung der Unternehmen spielt eine Rolle. Viele Firmen leiden enorm am Kostendruck, der durch die Digitalisierungkompensiert werden kann. Damit bietet die Digitalisierung ein Einsparpotenzial und es ist möglich die Prozesse schlanker zu gestalten und zugleich Prozesskosten zu sparen. Kosten für Geschäftsreisen der deutschen Unternehmen lag im Jahr 2012 bei 46 Milliarden Euro.[7] Dies kann beispielsweise mithilfe von Online-Meeting-Werkzeugen umgesetzt werden, indem das Unternehmen mit Lieferanten oder Kunden per Videokonferenz in Verbindung tritt.[8] Ein anderes Beispiel wäre es, sogenannte „Assistenten" in der Produktion einzusetzen. Bei diesen Assistenten handelt es sich um Roboter, welche die Mitarbeiter im Unternehmen wie z. B. in der Produktion oder in anderen Bereichen wie in der Künstlichen Intelligenz (KI) als Chatbot unterstützen. Als Herausforderungen sind der große Investitionsaufwand in die Technologien und die immer komplexer werdenden Bedienungen und Prozesse zu nennen. Das wiederrum spiegelt sich bei der Nachfrage nach Fachpersonal wider.

Zudem werden dieThemen Internationalisierung undGlobalisierung mittlerweile immer wichtiger. Den kleinen- und mittelständischen Unternehmen (KMU) bietetdie Vernetzung neue Chancen, wie beispielsweise international zu agieren, Informationen aus anderen Märkten zu sammelnund die Zusammenarbeit mit ausländischen Unternehmen zu stärken.[9]

Des Weiteren sind neuartige Technologien, die einen hohen Reifegrad aufweisen, zum Einsatz bereit. Dazu gehören Sensoren, eingebettete Systeme, Softwaretechnikenund Informations- und Kommunikationstechnologien (IKT).[10]

---

[6]Vgl. https://www.w3u.one/gesellschaftliche-entwicklungen-so-beeinflussen-sie-das-marketing-der-zukunft/ (19.11.2019).

[7]Quelle: Kollmann et al. (2016), S. 59.

[8]Vgl. Gleich et al. (2016), S. 15.

[9]Vgl. Bundesministerium des Innern (2015), S.3 ff.

[10] Vgl. Obermaier (2019), S. 3 ff.

Mit dieser Voraussetzung ist es möglich, die gesamte Wertschöpfungskette zu vernetzen. Eine zentrale Rolle nehmen cyber-physische-Systeme (CPS) ein (siehe Kapitel 4). Die I4.0 verschmelzt daher existierende mit virtuellen Objekten und diese wiederum mit dem Menschen.[11]

## 1.3 Problemstellung

Der Begriff I4.0 ist weit verbreitet und seine verschiedenen Ansätze werden in Lehrveranstaltungen und Studien breit diskutiert. Allerdings beschaffen sich nicht viele KMU ausreichend mit I4.0, da ihnen klare Vorstellungen darüber fehlen, was dieses Thema detailliert mit sich bringt und welche Auswirkungen auf sie zukommen könnten.Unternehmen zögern zusätzlich aufgrund hoher thematischer Komplexität und der Störanfälligkeit der Systeme, hohe Investitionskosten sowie aufgrund von Sicherheitsaspekten wie beispielsweise die Anforderungen des Datenschutzgesetztes bzw. die Sorge um Datensicherheit, vor Einführung solcher Technologien.[12] Die Prozedur bei früheren technologischen Revolutionen schreitet langsam voran, jedoch können sie schnell eine Dynamik erlangen und vorhandene Strukturen, Prozesse, Produkte und Geschäftsmodelle nachhaltig verändern, neu entwickeln oder gar einige komplett auflösen.[13]

Besonders für KMU entstehen im Gegensatz zu Großunternehmen überdies weitere Herausforderungen durch Ressourcenknappheit, unzureichend qualifiziertes Fachpersonal, Kosten-Nutzen-Verhältnisse und durch den Umgang mit veralteten Anlagen. Daraus entstehen Probleme und die Frage, wie wirtschaftlich die Investitionen sind. Aus Studien wird ersichtlich, dass nach Einschätzungen der Unternehmen in Deutschland die Investitionskosten mittelfristig höher liegen werden als das zu erwartende Umsatzpotenzial (Abbildung 1). Deswegen ist anzunehmen, dass KMU das Themengebiet I4.0 eher zurückhaltend betrachten, da der Investitionsbedarf mit dem daraus resultierenden Umsatzwachstum negativ bewertet wird. Jedoch übersteigtder Umsatz in gewissen Branchen langfristig die Kosten.[14] Deshalb ist wiederum, unter einigen Voraussetzungen, zu erwarten, dass zukünftig verstärkt Investitionen in Digitalisierungsprozesse in der Produktion getätigt werden. Allerdings müssen

---

[11] Vgl. Deckert (2019), S.12 ff.
[12] Vgl. Bitkom (2018), S. 8.
[13] Vgl. Andelfinger et al. (2017), S. 34.
[14] Vgl. BMWi (2015), S. 8.

sich KMU damit auseinandersetzen, wie sie diese Herausforderungen bewältigen möchten.

Aus diesen genannten Aspekten lassen sich folgende Fragestellungen ableiten:

- Welche Chancen und Risiken bestehen, bei einer Investition in Technologien der I4.0?
- Wie verändert sich dadurch die Wettbewerbsfähigkeit?
- Wie ist der personelle und organisatorische Wandel zu gestalten?
- Welche Voraussetzungen sind zusätzlich notwendig, um die Digitalisierung im gesamten Unternehmen zu bewältigen?

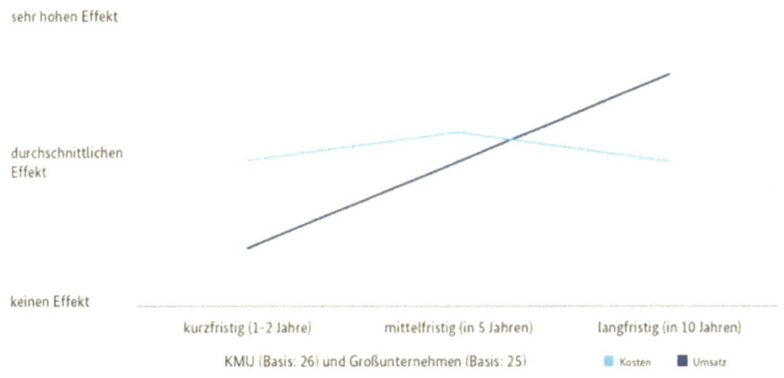


Abbildung 1: Zu erwartende Kosten- und Umsatzsteigerung im Zusammenhang mit Industrie 4.0[15]

## 1.4 Zielsetzung und Gang der Untersuchung

Der Inhalt dieser Bachelorarbeit verläuft quasi wie ein Trichter. Im ersten Abschnitt wird erst ein grobes Verständnis von Digitalisierung und I4.0 aufgebaut und anschließend der Fokus auf das Thema: „Die Chancen und Risiken von I4.0 für kleinen und mittleren Unternehmen (KMU)"gelenkt und anhand von konkreten Beispielen erläutert. Das Ziel dieser Abschlussarbeit ist es, einen Einblick in die Themen „Digitalisierung" und „Industrie 4.0" zu gewährensowie die daraus abgeleiteten Potenziale und Grenzen auszuarbeiten und schließlich die Handlungsmöglichkeiten näher zu betrachten. Unter Darstellung unterschiedlicher Aspekte wie beispielsweise das allgemeine Verständnis der Digitalisierung, die

---

[15]Quelle: BMWi (2015), S. 9.

Technologiefelder von I4.0, die aktuellen in der Produktion eingesetzten Trends sowie personelle und organisatorische Änderungen, setzte sich diese Abschlussarbeit zum Ziel, einen Eindruck in wichtige Themenfelder der Digitalisierung zu geben. In Kapitel zwei wird hierbei zunächst über die Definitionen der Begriffe „Digitalisierung" und „Industrie 4.0" diskutiert. In Kapitel drei wird auf das Thema Digitalisierung und I4.0 im produzierenden Mittelstand eingegangen und die Hemmnisse konkretisiert.

Anschließend folgen in Kapitel vier die Technologiefelder der I4.0. Dabei wird die intelligente Fabrik „Smart Factory" komprimiert beschrieben und auf relevante Themen für die Umsetzung, wie CPS, Cloud Computing, Big Data und IT-Security, näher eingegangen. Kapitel fünf behandelt die Spannungsfelder der KMU hinsichtlich der Einführung von I4.0. Einen besonders relevanten Bereich stellt in diesem Kapitel die IT-Sicherheit dar, wobei die restlich aufgeführten Spannungsfelder ebenfalls entscheidend sind.[16] Im sechsten Kapitel werden dieHandlungsfelder der KMU thematisiert. Hier bieten sich verschiedene Lösungsansätze zu den bereits andiskutierten Spannungsfeldern an. In diesem Fall ist es wichtig, die IT-Landschaft zu betrachten und einen Blick auf die Ressourcen zu werfen. In Kapitel sieben werden die Chancen und Potenziale von I4.0 vorgestellt. Abgerundet wird die Abschlussarbeit mit einem Fazit.

---

[16] Vgl. Kugler et al. (2018), S. 5.

# 2    Begriffsdefinitionen

In diesem Kapitel werdenzunächst die vier Stufen der industriellen Revolution erläutert, bevor es zuder Definition von I4.0 übergegangen wird. Anschließend wird der Begriff Digitalisierung erläutert und in Kontext zu I4.0 gesetzt. Abschließend werden die vier großen Volkswirtschaften USA, China, Japan und Deutschland näher betrachtet und analysiert, was I 4.0 für die jeweiligen Nationen bedeutet und wie die konkreten Initiativen ergriffen werden, um diese Veränderung nicht nur technisch, sondern auch auf politischer Ebene über Kooperationen und gemeinsame Projekte zu meistern. Essollen internationale Standards und Normen erarbeitet werden, damit die Voraussetzung für eine digitale und global vernetzte Welt gewährleistet wird.[17]

In diesem Kapitel wird veranschaulicht, dass sich alle großen Volkswirtschaften dem Thema I4.0 widmen. Es wird außerdem darauf aufmerksam gemacht, wie weitreichend die Folgen der Digitalisierung der Produktion sind. Die Abbildung 2 visualisiert zusätzlich die vier Stufen der industriellen Revolution.

## 2.1    Industrie 4.0

### Erste industrielle Revolution

Die erste industrielle Revolution ereignete sich in Großbritannien und stellt den Übergang von einer Agrar- zur Industriegesellschaft dar. Alles begann mit der Entwicklung des mechanischen Webstuhls im 18 Jahrhundert.[18]Weitere bedeutende Erfindungen sowie neue Verfahren bereiteten den Weg für die Industrialisierung vor. Eine Revolution in der Produktion durch den Einsatz von Dampfmaschinen erhöhte die Produktivität entscheidend.[19]

### Zweite industrielle Revolution

Die zweite industrielle Revolution geht auf die Grundlagen der Mechanisierung zurück. Ende des 19. Jahrhunderts, in der Zeit der Hochindustrialisierung, wurde die Industrie, durchden Einsatz von elektrischer Energie dominiert. Der

---

[17] Vgl. Heilmann (2016), S. 10.

[18] Vgl. https://www.handelsblatt.com/politik/international/davos-2016/davos-2016-die-vierte-industrielle-revolution/12836622.html?ticket=ST-20866731-RlrApDJzLOaK7grmiejv-ap4 (22.11.2019).

[19] Vgl. https://www.boell.de/sites/default/files/assets/boell.de/images/download_de/oekologie/broschuere_dritte_Industrie_rev.pdf (21.11.19).

Produktionsprozess wurde folglich durch eine starke Rationalisierung geprägt. Die zentrale Idee war die Arbeitsteilung, wobei die Prozessschritte in kleine Einheiten zerlegt und bearbeitet wurden.[20] Es entstand eine Fließbandfertigung nach Henry Ford, sodass fortan eine Massenfertigung bei geringeren Kosten durchgeführt werden konnte.[21]

**Dritte industrielle Revolution**

In den 1970er Jahren begann die dritte industrielle Revolution durch die Verbindung von elektronischen und technischen Komponenten. Ingenieure entwickelten die ersten digitalen und frei programmierbaren Steuerungen.[22]Mit dem Einsatz von Elektronik und IT erlangte die Automatisierung der Produktion ein neues Level. Es wurden Menschen durch Maschinen ersetzt und vereinzelt Computer im Personal- und Privatbereich genutzt.[23]

**Vierte industrielle Revolution**

Der Begriff „Industrie 4.0" tritt 2011 auf der Hannover Messe erstmals in der Öffentlichkeit auf. Dabei wurde darauf aufmerksam gemacht, dass durch das „Internet der Dinge" oder auch „Internet of Things" (IoT) und CPS es möglich sei, eine vierte industrielle Revolution auszulösen.[24] „Das Zukunftsprojekt Industrie 4.0 zielt darauf ab, die deutsche Industrie in die Lage zu versetzen, für die Zukunft der Produktion gerüstet zu sein."[25]

Es gibt wiederum noch kein einheitliches Verständnis, was sich hinter dem Begriff I4.0 verbirgt und welche Idee sie genau vertritt. Stattdessen gibt es verschiedene Definitionen, die im Folgenden erklärt bzw. zitiert werden.

Laut dem Fraunhofer Institut verbirgt sich hinter dem Begriff I4.0 folgendes: „eine Vernetzung von autonomen, sich situativ selbst steuernden, sich selbst konfigurierenden, wissensbasierten, sensorgestützten und räumlich verteilten

---

[20] Vgl. Eckstein (2013), S. 77.

[21] Vgl. Andelfinger et al. (2017), S. 40.

[22] Vgl. https://www.lmis.de/im-wandel-der-zeit-von-industrie-1-0-bis-4-0/ (22.11.2019).

[23] Vgl. https://industrie-wegweiser.de/von-industrie-1-0-bis-4-0-industrie-im-wandel-der-zeit/ (22.11.2019).

[24] Vgl. Kagerman et al. (2015), S. 2.

[25] Quelle: https://www.bmbf.de/de/zukunftsprojekt-industrie-4-0-848.html (23.11.2019).

Produktionsressourcen (Produktionsmaschinen, Roboter, Förder- und Lager-systeme, Betriebsmittel) inklusive deren Planungs- und Steuerungssysteme"[26]

Die Definition nach TÜV Süd lautet: „Die Digitalisierung der Produktion und sämtlicher vor- und nachgelagerter Prozesse verspricht wichtige Vorteile im Wettbewerb, national wie international. Die Basis fürI4.0sindSoftwareplattformen, smarte Maschinen, Daten und Vernetzung – die die virtuelle und reale Welt verschmelzen."[27]

Die „offizielle" Definition laut der „Plattform Industrie 4.0", wobei die Gründung der Plattform ein Zusammenschluss von mehrerer Industrie- und Forschungsverbände unter Leitung des Bundeswirtschafts- und Bundesforschungsministerium, ist, lautet:[28]

„Industrie 4.0 bezeichnet die intelligente Vernetzung von Maschinen und Abläufen in der Industrie mit Hilfe von Informations- und Kommunikationstechnologie."[29]

Die Möglichkeit für Unternehmen, Vernetzungen durchzuführen, ist groß. Darunter fällt beispielsweise die flexible Produktion. Die gesamte Wertschöpfungskette soll demnachmit der entsprechenden Technologie vernetzt werden, um somit eine schnelle Anpassung bei einer dynamischen Umwelt zu ermöglichen. Wandelbare Fabriken sind in Produktionslinien und Modulen aufgebaut, um diese flexibel und je nach Auftragslage gegebenenfalls zu verschieben und zusammenstellen zu können. Des Weiteren ist es möglich, kundenzentrierte Lösungen bzw. individuelle Gestaltungen des Produktes anzubieten. Die optimierte Logistik sollmithilfe von Algorithmen optimale bzw. wirtschaftliche Lieferwege berechnen, wobei dieNachbestellung der Rohstoffevon Maschinen selbst erkannt wird. Durch die totale Vernetzung können Echtzeitdatenanalysenbei der Auswertung berücksichtigt werden, die von Maschine zu Maschine bzw. von Produkt zu Maschine und schließlich an den Mitarbeiter wandern. Hierbei handelt es sich um CPS-Systeme.

---

[26] Quelle: https://www.fraunhofer.de/de/forschung/forschungsfelder/produktion-dienstleistung/industrie-4-0.html (23.10.2019).

[27] Quelle: https://www.tuev-sued.de/management-systeme/industrie-40 (23.11.2019).

[28] Vgl. https://www.plattform-i40.de/PI40/Navigation/DE/Plattform/Hintergrund/hintergrund.html (23.11.2019).

[29] Quelle: https://www.plattform-i40.de/PI40/Navigation/DE/Industrie40/WasIndustrie40/was-ist-industrie-40.html (23.11.2019).

Aus diesen Daten lassen sich dann neue Geschäftsmodelle und Services ableiten und eine ressourcenschonende Kreislaufwirtschaft, also die nachhaltige Produktion von Produkten, etablieren.[30]

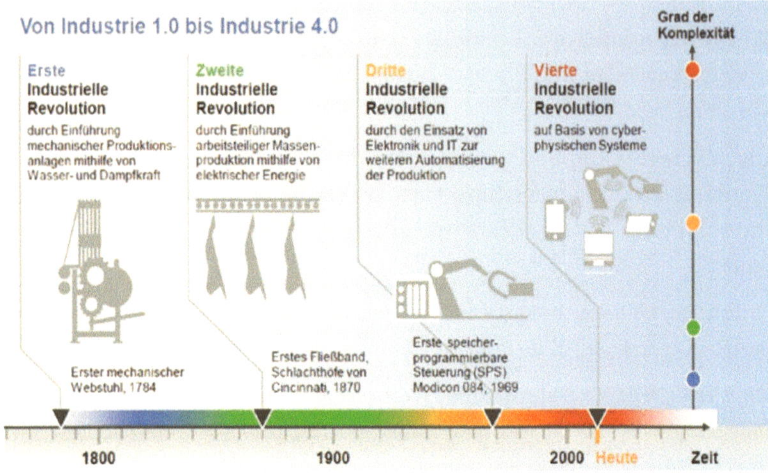


Abbildung 2: Von Industrie 1.0 bis Industrie 4.0[31]

## 2.2 Digitalisierung

„Die Digitalisierung bedeutet Veränderungfür Gesellschaft, Wirtschaft sowie Politik und damit für jeden von uns"[32]

Im Allgemeinen bedeutet Digitalisierung die Transformation von analogen in digitale Daten wie beispielsweise die Digitalisierung von Bildern, Texten oder Filmen. Die Digitalisierung dient dem Zweck, Informationen zu speichern und zu verarbeiten.[33] Digitalisierung im Kontext der I4.0 bedeutet digitale Modifikation von Mechanismen, Geräten, Prozessen und Fahrzeugen bzw. Einsatz digitaler Technologien im Privatleben.[34]Ohne die Digitalisierung ist die zunehmende Komplexität nicht zu meistern.[35] Ebenso bedeutet Digitalisierung nicht nur den

---

[30] Vgl. https://www.plattform-i40.de/PI40/Navigation/DE/Industrie40/WasIndustrie40/was-ist-industrie-40.html (23.11.2019).

[31]Quelle: Obermeier (2019), S. 10.

[32] Quelle: Kollmann et al. (2016), S. 1.

[33]Vgl. https://www.gruenderszene.de/lexikon/begriffe/digitalisierung?interstitial (24.11.2019).

[34]Vgl. Spieß (2017), S. 53 f.

[35]Vgl. https://www.harting.com/DE/de/digitalisierung-in-der-industrie-4-0 (24.11.2019).

Einsatz neuer Technologien und Optimierung von Prozessen, sondern eine Konstruktion und Architektur einer IT-Landschaft und einer passenden Unternehmenskultur. Wesentlich ist hier die Bestrebung aller Beteiligten nach einer Veränderung im Unternehmen.[36]

Die Digitalisierung ist Voraussetzung für die I4.0. Die Abbildung 3 beinhaltet das sechsstufige Reifegradmodell. Die einzelnen Stufen werden folglich kurz beschrieben. Die ersten zwei Stufen der Digitalisierung bilden die Grundlage für die nachfolgenden vier Stufen der I4.0. Stufe eins veranschaulicht dieBasis für die Digitalisierung, was den Einsatz von Informationstechnologien darstellt. Die Computerisierung ermöglicht eine kostengünstige Produktion und das Entwickeln von modernen Produkten. Stufe zwei ist die Vernetzung von Systemen und Komponenten im Unternehmen, welches Voraussetzung für das IoT ist. In Stufe drei ist es möglich, dass Prozesse durch die Technologie wie etwa Sensoren transparenter dargestellt werden können. Es erleichtert die Entscheidungshandlung der betroffenen Mitarbeiter bzw. des Managements, wenn alle Abläufe im Unternehmen digital erzeugt werden.[37] In der vierten Stufe folgt die Transparenz der gewonnenen Daten. Dies gelingt meist durch Big-Data Anwendungen, da die Massendaten aufgrund Ihres Umfangs nicht länger mit Standard-Analysewerkzeugen behandelt werden können. In der fünften Stufe lassen sich Zukunftsszenarien simulieren und auswerten. In Stufe sechs soll es zukünftig möglich sein, den IT-System die Entscheidungen zu überlassen.[38]

---

[36] Vgl. Doleski (2017). S 6.
[37] Vgl. Gleich et al. (2016), S. 15 ff.
[38] Vgl. https://www.plattform-i40.de/I40/Redaktion/DE/ /Publikation/acatech-i40-maturity-index.3F_blob%3DpublicationFile%26v%3D3 (24.11.2019).

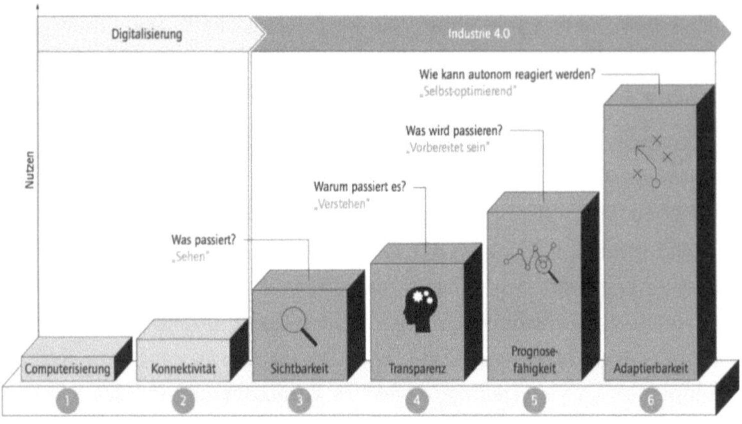


Abbildung 3: Reifegradmodell[39]

In allen Lebensbereichen ist die Digitalisierung angekommen. Sie bringt große Vorteile als auch Herausforderungen mit sich und ist nicht nur ein technologischer Erfolg, sondern eine neue Umwandlung auf gesellschaftlicher, politischer und wirtschaftlicher Ebene. Ebenfalls lenkt sie unser berufliches wie privates Leben.[40]

## 2.3 Internationaler Vergleich und internationale Kooperation

In den vier größten Volkswirtschaften der Welt, USA, China, Japan und Deutschland, ist I4.0 ein relevantes Thema. Jedochinterpretieren die einzelnen Nationendie weitreichenden Folgen der Digitalisierung unterschiedlich. Es wird im Folgenden auf dieses Themenfeld der jeweiligen Länder näher eingegangen. Aufgezeigt werden verschiedene Initiativen in den vier Nationen. Ebenfalls werden Betrachtungsweisen näher erörtert. Genannt werden auch Kooperationen zwischen Deutschland und dengrößten Volkswirtschaftender Welt sowieeinige Themenfelder der Zusammenarbeit.Zum Abschluss wird die Lage der KMU verdeutlicht.

---

[39] Quelle: https://www.plattform-i40.de/I40/Redaktion/DE/ /Publikation/acatech-i40-maturity-index.3F_blob%3DpublicationFile%26v%3D3 (24.11.2019).

[40] Vgl. Kollmann et al. (2016), S. 59.

**Deutschland**

Die industrielle Produktion soll mit moderner IKT verknüpft werden. Die technischen Grundlagen sind intelligente und vernetzte Systeme. Unternehmen verfolgen das Ziel, eine aufrechte und kontinuierlicheKommunikation und eine Kooperation in einer homogenen Produktionslandschaft zu schaffen. Diese bestehen aus Produkten, Maschinen, Clouds und Menschen. Dieses soll aber nicht nur auf die Produktion beschränkt sein, sondern auch das ganze Unternehmen bzw. das gesamte Netzwerk umfassen. Die Integration ist mit verschiedenen Ansätzen wie beispielsweise der vertikalen und horizontalen Integration möglich.[41] Deutschland beabsichtigt somit die Technologieführerschaft im Bereich der Produktion und möchtemit innovativen Geschäftsmodellen ein lukrativer Anbieter sein.[42]

**USA**

Die USA erwirtschaftet ca. 20 Prozent des weltweiten Einkommens und befindet sich somit auf Platz eins der größten Volkswirtschaften der Welt. Ebenfalls steht die USAauf Rang zwei der größten Exporteure nach China. Im Jahre 2014 wurde in den USA das Industrial Internet Consortium gegründet, damit die Organisationen und Technologien zusammengebracht werden. Diese sind notwendig, um das Wachstum des industriellen Internets zu beschleunigen. Die Mitglieder des IIC arbeiten gemeinsam daran, die kommerzielle Nutzung fortschrittlicher Technologien zu beschleunigen.[43] In den USA wird der Begriff Industrial Internet Consortiummit Bezeichnungen wie „IoT", „Smart Production" und „Industrial Internet" gleichgestellt. Zudem werden die Bereiche Energie, Gesundheitswesen, Fertigung, öffentlicher Sektor und Transport mit eingebettet, da die Rolle derI4.0 in den USA breiter gefächert ist als in Deutschland.[44]In den USA steht die Entwicklung neuer Produkte und Services im Fokus, wobei ein hoher Kundennutzen erreicht werden soll. Dabei setzt die USA besonderen Wert auf Big-Data-Analysen.[45]

---

[41] Vgl. Reinheimer (2017), S. 5.
[42] Vgl. https://power-shift.de/industrie-4-0/ (25.11.2019).
[43] Vgl. https://www.iiconsortium.org/about-us.htm (25.11.2019).
[44] Vgl. Kagermann et al. (2016), S 53.
[45] Vgl. Gausemeier et al. (2016), S 34.

Des Weiteren möchten die Vereinigten Staaten, nach jahrzehntelanger Produktionsverlagerung vor allem nach Mexiko, den heimischen Produktionsstandort wieder attraktiver gestalten.[46]

**China**

China erlebt seit Jahrzenten einen Wirtschaftsaufschwung, der zu einem großen Teil von der industriellen Produktion geprägt ist. Der chinesische Markt ist für minderwertige Massenproduktion bekannt, weswegen die chinesische Regierung im Jahre 2015 die Initiative „Made in China"gestartet hat. Im Vergleich zu Deutschland oder Japan existiert in der chinesischen Fertigungsindustrie eine Heterogenität. Es gibt nur eine geringe Anzahl an Großkonzernen, wie beispielsweiseHuawei Technologies Co., Ltd, welche über moderne und zum Teil hochautomatisierte Fabriken verfügen. Übermäßig groß ist jedoch der Anteil an KMU, die kaum über automatisierte bzw. digitalisierte Prozesse verfügen.[47] Aus diesem Grund wird I 4.0 in China als eine große Chancegesehen, da die Chinesen die Wettbewerbsfähigkeit und den Automatisierungsgrad in der Industrie steigern wollen.[48]

**Japan**

Die drittgrößte Volkswirtschaft der Welt nach USA und China, hat wie auch Deutschland keine allgemeingültige Definition für „Industrie 4.0". Jedoch werden die Bestandteile, vor allem die Automatisierung der Produktion und intelligente Produkte, als selbstverständlich angesehen. Innovative Geschäftsmodelle spieleneine große Rolle, weswegen sich verschiedene Initiativen wie Robot Revolution Initiativ (RRI) entwickelten. Der Fokus hierbei liegt jedoch eher auf der industriellen und anwendungsbezogenen Robotik. Mit der Initiative Industrial Value Chain Initiative (IVI) wird das Thema Standardisierung aufgegriffen. Ziel hierbei ist es, eine flexible Verknüpfung verschiedener Maschinenkomponentenmit einer Software zu realisieren.[49]

---

[46] Vgl. https://www.gtai.de/GTAI/Navigation/DE/Trade/Maerkte/suche,t=industrie-40-hat-in-den-usa-hoechste-prioritaet,did=1860130.html (25.11.2019).

[47] Vgl. Kagermann et al. (2016), S. 40.

[48] Vgl. Gausemeier et al. (2016), S. 34.

[49] Vgl. Kagermann et al. (2016), S. 45 f.

Von der EU und Japan wurde des Weiterenein Freihandelsabkommen unterschrieben. Europa ist demnach ein wichtiger Partner für Investitionen in Japan.[50]

**Internationale Kooperation**

Deutschland und China haben 2014 eine erfolgreiche Zusammenarbeit im Rahmen von I4.0 gestartet, um dasFachwissen auf beiden Seiten zu steigern und die Kooperation zu stärken. Unterstützt wird das Projekt vom Bundesministerium für Wirtschaft und Energie (BMWi) und vom chinesischen Ministerium für Industrie und Informationstechnologie (MIIT). Wichtige Themen sind die Datensicherheit, geistiges Eigentum und die intelligente Fertigung und Vernetzung der Produktionsprozesse.[51]Ähnlich ist die Zusammenarbeit mit Japan aufgebaut. Auf der Hannover Messe 2019 kam es zum intensiven Austausch mit dem Kooperationspartner Japan.Hierbei wurden die Themen Standardisierung und Plattformökonomie fokussiert.[52]

Die USA hingegen sind einer der größten Importeure von deutschen Waren. Ziel ist es, ein führender Anbieter für Industrielösungen im amerikanischen Markt zu werden. Da die USA den heimischen Produktionsstandort wiederaufbauen möchte, bieten sich für deutsche Industrieausrüster hohe Absatzchancen.[53]

Entscheidend für den Wachstum und Wohlstand eines Landes sind KMU. Sie schaffen Arbeitsplätze und bilden junge Leute aus. Mit Investitionen in verschiedene Bereiche erhöhen KMU die Wettbewerbsfähigkeit und tragen zur Modernisierung der Volkswirtschafen bei.[54] Die I4.0 wird nicht nur von großen Unternehmen, sondern auch von KMU geprägt. Ihnen fehlen meist jedoch internationale Netzwerke. Kooperationen mit internationalen Partnern bringen Chancen aber auch Herausforderungen mit sich. Deshalb sollten deutsche KMU bestehende Zusammenarbeiten mit den jeweiligen Nationen über bereits etablierte deutsche Großkonzerne ausbauen. Mit Nutzung ihrer Infrastruktur und

---

[50]Vgl. https://www.bmwi.de/Redaktion/DE/Artikel/Aussenwirtschaft/freihandelsabkommen-japan.html (05.11.2019).

[51] Vgl. https://www.giz.de/de/weltweit/71332.html (05.11.2019).

[52] Vgl. https://www.plattformi40.de/PI40/Navigation/DE/Plattform/InternationaleKooperationen/Japan/japan.html (06.11.2019).

[53] Vgl. Kagermann et al. (2016), S. 55.

[54] Vgl. https://www.kfw.de/KfW-Konzern/KfW-Research/Mittelstand.html (05.11.2019).

Kundennetzwerken ist es für den Mittelstand möglich, sich vor Ort zu positionieren. Hierfür ist es notwendig, die Kooperationen mit den verschiedenen Nationen fortzuführen und die Internationalitätsaktivitäten der deutschen KMU zu stärken.[55]

[55] Vgl. Kagermann et al. (2016), S. 43-55.

# 3    Industrie 4.0 im produzierenden Mittelstand

Die KMU nehmen, wie soeben festgestellt, eine große Rolle in der deutschen Wirtschaft ein. Demnach waren 2017 ungefähr 58 Prozent der sozialversicherungspflichtig Beschäftigten in KMU tätig. Zudem fingen 1,25 Millionen (82 Prozent) Auszubildende ihre Tätigkeit bei KMU an.[56] Mit rund 2,33 Billionen Euro Umsatz im Jahre 2017 erzielte die KMU 35 Prozent des gesamten Umsatzes in Deutschland.[57] Die Anzahl der Unternehmen, die sich mit I4.0 auseinandersetzen, variiert je nach Branche und Unternehmensgröße.Somit beschäftigen sich zehn Prozent im verarbeitenden Gewerbe mit dem Thema I4.0. Im Maschinen- und Anlagenbau sind es 20 Prozent. Großunternehmen sind bei der Integration der Produktionsanlagen in IKT-Systeme weiter alsdie KMU.[58]

Vor allem Großunternehmen nutzen die Chance der I4.0 und entwickeln das Unternehmen weiter. Das Fachwissen kann dadurch in vielen Unternehmensgebieten gesteigert werden. Die mehrheitlich kleinen Unternehmen hingegen beobachten die Situation und warten den Reifegrad der Technologie ab bzw. zögern aufgrund ihrer Skepsis vor einem zu hohen Risiko. Dieser Umstand führt zum eigentlichen Problem, denn zum einen ist der Einkauf teurer Technologienohne Fachkenntnisse unwirtschaftlichund zum anderen herrscht die Angst, den Megatrend zu verpassen und dadurch Umsatzeinbußen hinzunehmen. Durch die Zurückhaltung der KMU werden nur I4.0-Strategien verfolgt, wenn Geschäftsmodelle bereits auf der Vernetzung basieren oder die I4.0 Ansätze ein hohes Entwicklungspotenzial aufweisen. Mit der Umsetzung jedoch haben die KMU wenig Berührungspunkte.[59] Wie die Konzepte Digitalisierung und I4.0 schließlich behandelt werden, hängt unter anderem vonderGröße undder strategischen und operativen Planung der Unternehmen ab.[60] Beispielsweise ist der Digitalisierungsgrad von mittleren Unternehmen bis 249 Mitarbeiter am geringsten.

---

[56] Vgl. https://www.bmwi.de/Redaktion/DE/Publikationen/Mittelstand/wirtschaftsmotor-mittelstand-zahlen-und-fakten-zu-den-deutschen-kmu.?_blob=publicationFile&v=36 (07.11.2019).

[57] Vgl. https://www.ifm-bonn.org/statistiken/mittelstand-im-ueberblick/#accordion=0&tab=0 (07.11.2019).

[58] Vgl. Schröder (2017), S. 7.

[59] Vgl. Wagner et al. (2017), S. 19.

[60]Vgl. http://ftp.zew.de/pub/zew-docs/zn/zn1115(07.11.2019).

In Abbildung 4 wird deutlich, wie verschieden die Ausrichtungen je nach Beschäftigtenanzahl der Unternehmen sind. Je größer die Unternehmen, desto prozentual mehr werden I4.0-Projekte geplant oder umgesetzt.[61]

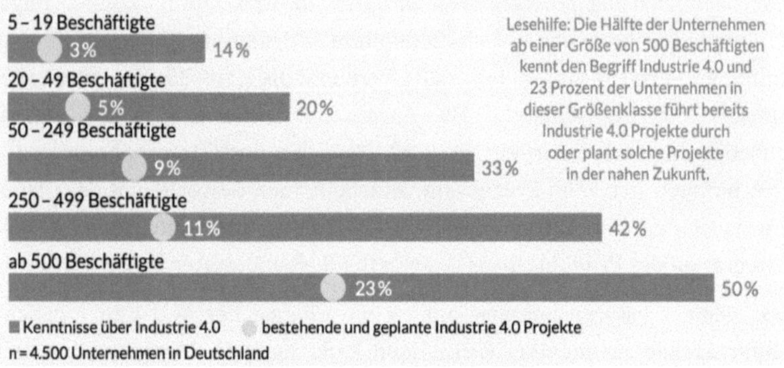


Abbildung 4:Industrie 4.0-Projekte nach Unternehmensgröße[62]

In einer Studie von Deloittewurden 211 Mittelständer untersucht. Knapp 30 Prozent der KMU gaben an, dass ihre Produktion keine Vernetzung aufweist. Ebenso gaben knapp 30 Prozent an, dass ihre Produktion fast vollständig vernetzt ist. Ca.40 Prozent der befragten Unternehmen ist demnach unentschlossen. Ein Teil der befragten Unternehmen befasst sich erst seit Kurzem mit der Thematik und der andere Teilhat bereits erste Schritte bzw. Integrationsansätze gestartet, um die vollständige Vernetzung in Aussicht zu stellen.[63]

Um konkurrenzfähig zu bleiben, müssen KMU wandlungsfähig und innovativ agieren. Die einzelnen Mitarbeiter sollten ihr Potenzial zur Kreativitätin einer angenehmen und flexiblen Organisation beisteuern, sodass ein wirtschaftlicher Vorteil des Unternehmens entsteht. Die I4.0 schafft in Bereichen wie technische und organisationale Unternehmensentwicklung neue Spannungsfelder. Deswegen ist es wichtig den Faktor Mitarbeiter im Rahmen der Standardisierung und Automatisierung zu berücksichtigen. Ebenfalls sollte das Top-Management dafür sorgen, dass dieses Potenzial in die Organisationsstruktur einfließt.[64]

---

[61] Vgl. BertelsmannStiftung (2018), S. 23.

[62] Quelle: BertelsmannStiftung (2018), S. 22.

[63] Vgl. Meyer et al. (2016), S. 18.

[64] Vgl. Ludwig et al (2015), S. 75.

Der neue HypeumCPS undIoT bietet Chancen aber auch Herausforderungen für KMU. Die Vision der I4.0 betrifft alleUnternehmensebenen wie die Technik, Organisation, Mitarbeiter und Geschäftsmodelle und schafft mit der totalen Vernetzung eine neue Art der wirtschaftlichen Produktion. Doch was ist dieDefinition vonkleinen und mittleren Unternehmen?

Laut dem Handelsgesetzbuch (HGB) dürfen nach §267a Abs.1 Kleinstkapitalgesellschaften, nach § 267 Abs. 1 HGB kleine Kapitalgesellschaften und nach § 267 Abs. 2 HGB mittelgroße Kapitalgesellschaften drei folgenden Merkmale nicht überschreiten:

| Typ | Bilanzsumme (Mio. €) | Umsatzerlöse (Mio. €) | Mitarbeiter im Jahresdurchschnitt |
|---|---|---|---|
| Kleinstkapitalgesellschaften | 0,35 | 0,7 | 10 |
| Kleine Kapitalgesellschaft | 6 | 12 | 50 |
| Mittelgroße Kapitalgesellschaft | 20 | 40 | 250 |

Abbildung 5:Merkmale KMU[65]

Eine Definition der Europäischen Kommission, die im Artikel eins der EU-Empfehlung 2003/361 definiert ist lautet,[66] dass Kleinstunternehmen sowie klein- und mittlere Unternehmen weniger als 250 Mitarbeiter beschäftigen und entweder einen Jahresumsatz von höchstens 50 Mio. Euro erzielen oder eine Jahresbilanzsumme von 43 Mio. Euro nicht überschreiten.[67]Jedoch definiert die IfM Bonn KMU als Unternehmen mit unter 500 Beschäftigten und einem Umsatz von bis zu 50 Mio. Euro. In dieser Bachelorarbeit werden alle KMU bis 500 Mitarbeiter betrachtet, da auf Studien zurückgegriffen wird, die eben diese Mitarbeiteranzahl definierten.[68]

---

[65] Quelle: Eigene Darstellung.

[66] Vgl. https://www.ifm-bonn.org/definitionen/kmu-definition-der-eu-kommission/ (07.11.2019).

[67] Vgl. https://eur-lex.europa.eu/legal-content/DE/TXT/PDF/?uri=CELEX:32003H0361&from=EN (07.11.2019).

[68] Vgl. Schröder (2017), S. 60.

# 4    Technologiefelder der Industrie 4.0

In diesem Kapitel werden die Technologiefelder der I4.0 näher erklärt, die in Abbildung 6 abgebildet sind. Näher beschrieben werden Technologien wie eingebettete Systems, CPS, Smart Factory, IoT, Robuste Netze, Cloud Computingund die IT-Sicherheit mit den wichtigen Themen wie Datenschutz und Cyberangriffe. Die Abbildung 7 veranschaulicht den Aufbau einer Smart Factory mit den relevanten Bereichen wie Disposition, Produktion, Logistik und Distribution.

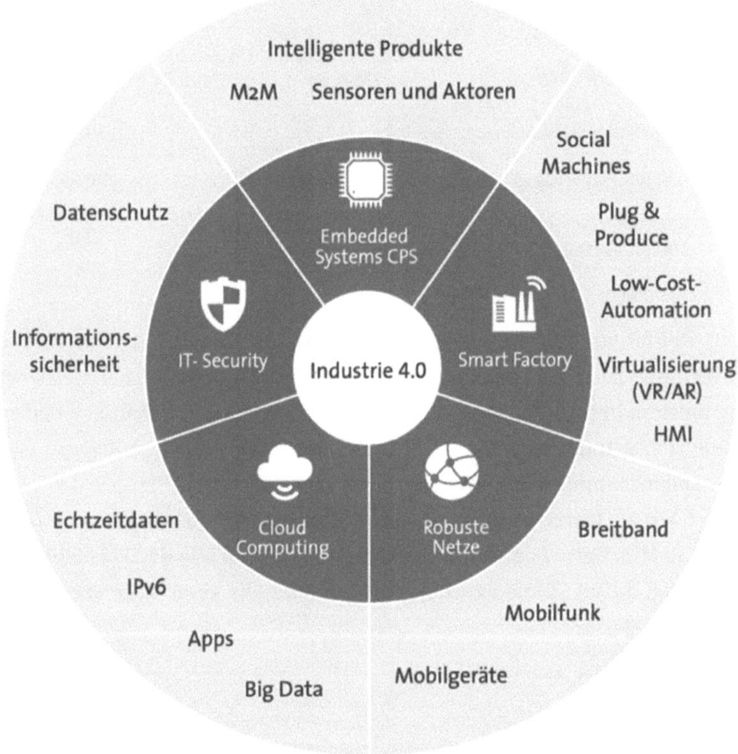


Abbildung 6: Technologiefelder der Industrie 4.0[69]

---

[69]Quelle: Bauer et al. (2014), S. 22.

## 4.1  Embedded Systems und Cyber-physische Systeme

Embedded Systems (eingebettetes System) ist die Grundlage für die intelligente Vernetzung. Objekte werden mit Sensoren, Aktoren, Kommunikationssystemen, Identifikatoren und Mikrocontrollern ausgerüstet. Sensoren übertragen Daten von Objekten, wobei Aktoren in den Prozess aktiv eingreifen, beispielsweise durch Objektbewegung oder Informationsübermittlung an die Apps und somit an die jeweilige Person. Die Kommunikationssysteme stellen die Interaktion mit Netzwerken sicher. Der RFID-Transponder dient zur Identifikation und der Mikrocontroller analysiert Daten und führt auf Basis dieser Entscheidungen durch.[70]

Die CPS stehen im Mittelpunkt der I4.0.[71] Diese Systeme registrieren Daten mithilfe von Sensoren und wirken mittels Aktoren auf physikalische Dinge ein.[72] Die Kommunikation erfolgt über eine Datenstruktur, z.B. über das Internet. Dadurch können in der Produktion Produkte, Maschinen, Betriebsmittel und Lagersysteme selbständig Informationen austauschen und Aktionen auslösen. Ebenfalls verfügen sie über mehrere Mensch-Maschine-Schnittstellen. Daher stellt es viele Möglichkeiten zur Kommunikation und Steuerung bereit, wie beispielsweise über Sprache und Gesten. Somit ist das gesamte System dezentral organisiert und nutzt global verfügbare Daten und Dienste. Die Vernetzung mit CPS wird in der Regel über W-LAN bzw. LAN abgewickelt und leitet Messdaten zur Verarbeitung an eine Software weiter. DieseBündelung aller Akteure bietet ein Echtzeitbild des gesamten Prozesses und führt somit zu einer Effizienzsteigerung.[73]

Durch die intelligente Vernetzung von CPS untereinander, entsteht ein Produktionsstandort mit dem Namen Cyber Physical Production System (CPPS). Das Konzept eines CPPS ist eine fertigungszentrierte Version eines CPS, welches IKT und die Fertigungstechnik miteinander verbindet.[74]

---

[70] Vgl. Bauer et al. (2014), S. 19.

[71] Vgl. Andelfinger (2017), S 60.

[72] Vgl. Obermaier (2019), S. 8.

[73] Vgl. Andelfinger (2017), S. 3 ff., S. 60 ff.

[74] Vgl. https://www.computerwoche.de/a/cyber-physical-production-systems-in-der-praxis,3547568 (14.11.2019).

Die Kopplung mehrerer heterogener Produktionssysteme stellt einen Ansatz dar, um die Flexibilität der industriellen Produktion zu erhöhen. Zudem ist eine Skalierung beteiligter Systeme möglich.[75]

## 4.2  Smart Factory

DieSmart Factorystellt eine Produktionsumgebung dar, die im Idealfall ohne ein Zusammenspiel mit Menschen organisiert sein wird. Dieser Begriff beschreibt eine höchstmögliche Digitalisierungstechnologie. Es soll möglich sein, eine vollautomatisierte Werkstatt in vielen Sektorenohne den Einsatz von Arbeitskräften, zu konzipieren.[76] Die Basis bildet die CPS aus intelligenten Systemen für die Vernetzung von Maschinen und Produkten, wobei das IoT die Kommunikationsgrundlage bildet. Es soll eine reibungslose Kommunikation stattfinden, damit das Produkt die benötigten Informationen zur Weiterverarbeitung an die Maschinen und Anlagen weitergibt.[77] Um dieses gewährleisten zu können, muss eine Smart Factory verschiedene Merkmale wie die interne und externe Vernetzung aufweisen. Die interne Vernetzung kümmert sich um den eigentlichen Produktionsprozess, wohingegen die externe Vernetzung verantwortlich ist für Kunden, Transportmittel und andere Fabriken. Ein weiteres Merkmal ist die individualisierte Produktion, auch MassCustomization genannt. Hier wirdes aufgrund der automatisierten Produktionsprozesse möglich sein, kostengünstig nach individuellen Kundenwünschen produzieren zu können.[78]

Im Zentrum der Smart Factory steht die synchrone, horizontale und vertikale Verkettung von Menschen, Maschinen, Produkten und IKT. Der Grundbaustein ist, dass alle Maschinen, Anlagen, Produkte und Werkzeuge mit der entsprechenden Technologie ausgestattet sind, damit sie Daten erhalten und versenden können.

In Schritt eins der Abbildung 7versendet der Zulieferer, in dem Fall der LKW, Echtzeitendaten an das Unternehmen, sodass die Ankunft der Lieferung frühzeitiggeplant werden kann. Zusätzlich ist es möglich, den Wareneingang mit dem Einsatz von RFID-Chips, die die Buchung digital erfassen, zu automatisieren. So kann, jedes Objekt miteinander kommunizieren, wie in Schrittfünf dargestellt.

---

[75]Vgl. https://www.plattform-i40.de/PI40/Redaktion/EN/Use-Cases/265-agent-based-networks-for-cyber–physica-production-systems-tu-muenchen/article-agent-based-networks-for-cyber–physica-production-systems-tu-muenchen.html (14.11.2019).

[76] Vgl. https://www.bigdata-insider.de/was-ist-eine-smart-factory-a-643838/ (09.11.2019).

[77] Vgl. Bauer et al. (2014), S. 20.

[78] Vgl. https://www.bigdata-insider.de/was-ist-eine-smart-factory (09.11.2019).

Hier warnt die Maschine das Backend, also z.B. einenMitarbeiter oder verschiedene Systeme, davor, dass eine Wartung in der nächsten Zeit benötigt wird. Dies führt zu einer gesteigerten Effizienz und Zeitgewinnung. Das Hauptaugenmerk der Smart Factory ist die Echtzeiterfassung und -verarbeitung der Daten mit der Integration unternehmerischer Steuerungssysteme u.a. ERP-Systemen. In Schritt acht können betriebswirtschaftliche Faktoren mithilfe solcher Systeme geprüft werden. In den Schrittensieben und neun ist zu sehen, dass der Produktionsleiter bzw. der Kunde die Fertigung, beispielsweise eines Fahrzeugs, in Echtzeit mitverfolgen kann. Beide Akteure können darüber hinaus Anpassungen vornehmen. Während der Produktionsleiter die Leistungskennzahlen also, den Key-Performance-Indikator (KPI) überprüft, kann der Endkunde noch Ersehntes wie z.B. ein gewünschtes Zubehör oder zusätzliche Funktionen bestellen.[79]

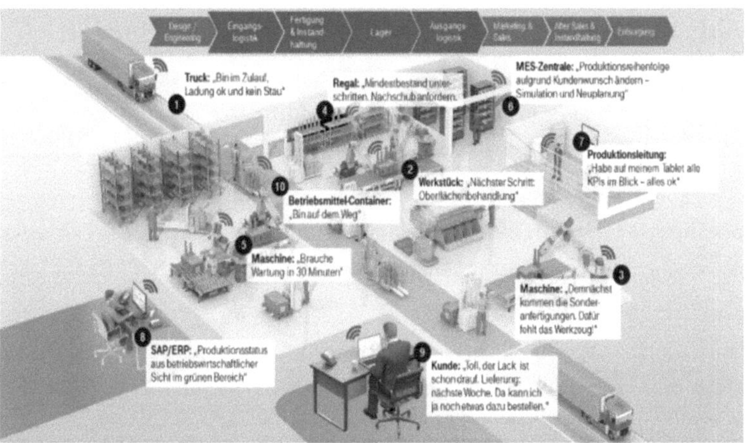


Abbildung 7: Smart Factory[80]

Laut der Studie „Deutsche Industrie 4.0 Index 2018" haben sich etwa neun Prozent der Unternehmen mit der Frage „Wie weit ist Ihr Unternehmen auf dem Weg zur Smart Factory?" nicht beschäftigt. Ca. 24 Prozent befinden sich in der Beobachtungs- und Analysephase und neun Prozent der befragten Betriebe verzeichnen eine operative Umsetzung.Im Branchenvergleich liegt die Automobilindustrie mit der ganzheitlichen Umsetzungsphase vorn. Auch im

---

[79] Vgl. Zillmann et al. (2016), S. 8 ff.
[80] Quelle: Zillmann et al. (2016), S. 9.

Maschinen- und Anlagenbau steigt dieser Wert kontinuierlich. Diese Branchen stehen aber vor komplizierten Angelegenheiten, da die Kundenzufriedenheit hier im Fokus steht. Identisch ist es in der Elektroindustrie.[81]

## 4.3 Internet der Dinge und Radiofrequenzidentifikation

IoT beschreibt die Möglichkeit, Objekte über das Internet zu verbinden. Dies können beispielsweise mit Sensor ausgestattete Produkte sein.[82]

Ein historisches Beispiel verdeutlicht dieses Vorgehen: Im Jahre 1993 wurde eine Kaffeemaschine, durch eine Webcam erfasst und übertrug Informationen bzw. Livebilder an Mitarbeiter. Somit wurden logistische Schritte zum Füllen der Maschine vermieden und der Zustand konnte von dem entfernten Arbeitsplatz beobachtet werden. Seitdem stand fest, dass eine Identifikation der jeweiligen Maschine notwendig ist, wenn mehr als eine Maschine über das Internet verbunden ist.

Grundsätzlich wird der Begriff IoT für die Vereinigung von Objekten, z.B. Alltagsgegenständen (Smart-Home) oder Industriemaschinen mit dem Internet verstanden. Diese nutzen eindeutige Identitäten und sind intelligent präpariert.[83]

IoT ist somit eine Bündelung mehrerer Technologien und nehmen in Bezug auf I4.0 und Smart Factory eine relevante Rolle ein. Im Kontext von IoTist es demnach notwendig, die Radiofrequenzidentifikation oder auch Radio Frequency Identification (RFID) zu erwähnen.[84]

Unternehmen nutzen diese Technologie, um beispielsweise den Zustand von Fertigungsanlagen zu überwachen. RFID beschreibt demnach eine Technologie, mit der elektromagnetischer Wellen versendet und empfangen werden.[85]Sie dient zur berührungslosen Identifikation, Lokalisierung und somit zu einem Tracking von beliebigen Objekten. Zudem ist es möglich, eine Interaktion mit einem Produkt auszulösen. Beispielsweise durch Reduzierung des manuellen Arbeitsaufwands und des Papierverbraucheskönnen im Wareneingang bis zu 30 Prozent der Kosten eingespart werden. Das geschieht, wenn Informationen vom Lieferanten in Echtzeit gesendet werden, sodass die Buchung mithilfe von RFID automatisch

---

81 Vgl. Staufen AG: Deutscher Industrie 4.0 Index (2018), S. 12.
82 Vgl. Reinheimer (2017), S. 18.
83 Vgl. https://www.bigdata-insider.de/was-ist-das-internet-of-things-a-590806/ (11.01.2020).
84 Vgl. Bousonville (2017), S. 5 f.
85 Vgl. Lichtblau et al. (2015), S. 68.

erfolgt.[86]Außerdem dient sie zusätzlich zur Überwachung, Qualitätskontrolle und Anpassung des Fertigungsvorgangs. Grundvoraussetzung ist eine leistungsfähige IT.[87]

## 4.4 Cloud Computing

Generell wird unter Cloud Computing das Zusammenspiel mehrerer Server verstanden. Es wird genutzt, um verschiedene Dienstleistungen aus dem Netzin Anspruch zu nehmen, wie beispielsweise Programme oder Speicher-erweiterungen.

In der Produktionsautomatisierung wird die Cloud als ein Megatrend betrachtet. In den kommenden Jahren wird das Produktportfolio der Industrie-automatisierung sinken, gleichzeitig wird die Anforderung an Service und Support zunehmen. Mithilfe dieser Cloud-Technologien erwarten Unternehmen, dass der Zugriff auf wichtige Daten über das Internet ermöglicht wird. Anhand dieser Daten soll es möglich sein, strategisch wie operativ qualitativere Entscheidungenzu treffen.[88] Das Cloud Computing ist die flexible Bereitstellung von IT-Ressourcen an externe Dienstleister.[89] Der Zugriff auf diese Ressourcen erfolgt über das Internet und die Bezahlung nach dem Prinzip des „Pay-per-Use".[90] Das Cloud Computing bildet eine Plattform, um Daten zu speichern, Applikationen anzubieten und auszuführen. Mithilfe der Cloud können einzelne Anwendungen für das Unternehmen bereitgestellt werden. Die Verwaltung und die Pflege erfolgen zentralisiert. Ein wesentlicher Vorteil bei diesenLösungenist, dass der Dienstleister bei Veränderungen des Geschäftsmodells bzw. Umstrukturierung der Prozessefür die Anpassungen zuständig ist und somit das Unternehmen, diediese Dienste nutzen, keine Ressourcen dafür aufbringen müssen. DerAnwender hat zudemZugriff auf neue Methoden, Apps und Algorithmen. Die Cloud-Dienste gelten als ausfallsicher, denn im Falle eines Ausfalls, ist nicht das gesamte System betroffen.

---

[86] Vgl. Wagner (2018), S. 131.

[87] Vgl. Lichtblau et al. (2015), S. 69.

[88] Vgl. Bousonville (2017), S. 23.

[89] Vgl. Wittpahl (2017), S. 21.

[90] Vgl. Binckebanck (2016), S. 361 ff.

Die Möglichkeit zur Anwendung von Cloud Computing ist sehr groß. Privatpersonen können es als zusätzlichen Speicherplatz, z.B. in Dropbox nutzen. Unternehmen verwenden es für die Vernetzung von Maschinen, Produkten und IKT-Systemen, damit größere Datenmengen verarbeitet werden können. Dieser Lösungswegbietet viele Vorteile, da die Endanwender, neue Analysemethoden entwickeln oder Optimierungen vornehmen können – Stichwort Big Data.[91]

## 4.5 Big Data und Datenauswertung

Für die Analyse und Auswertung großerDatenmengen, auch „Massendaten" genannt hat sich der Ansatz „Big Data" entwickelt.[92] Dieser Ansatz dient zur Sammlung, Verwaltung und Nutzung von Massendaten.[93] Die Menge an Daten nimmt mit den Vernetzungen im Rahmen der Digitalisierung bzw. I4.0 zu. Die Daten sind zu groß oder komplex, als dass die Verarbeitung mit herkömmlichen Prozessen oder Methoden möglich ist. Vor allem in der Produktion steigen die Qualitätsanforderungen sowie die Kosten und die Komplexität der Prozesse. Aus diesem Grund bieten die Erhebung und Auswertung der Prozessdaten einen großen Mehrwert.[94]

Das Ziel von produzierenden Unternehmen ist es, den Fertigungsprozess zu optimieren. Es werden Daten von Produkten, Produktionsketten und Lieferketten erfasst und anhand von Big-Data-Analysen untersucht und ausgewertet. Somit entsteht ein ganzheitlicher Blickwinkel auf die Unternehmensprozesse in der Wertschöpfungskette und auch über diese hinaus. Unternehmen besitzen verschiedene Produktkomponenten von unterschiedlichen Produzenten. Diese unterschiedlichen Daten aus verschiedenen Systemen können aggregiert werden. Somit kann die Qualität mit einem Ursache-Wirkungs-Modell zeitnah gemessen und Fehler frühzeitig beseitigt werden.[95]

Ein aktueller Trend in der Produktion sind u.a.Predictive MaintenanceLösungen. Bei diesen Lösungen wird die Zustandsveränderung an Maschinen und Bauteilen während des Produktionsprozesses erkannt und ausgewertet, um somit Wartungsaufwand und Ausfallzeiten zu minimieren. Ein Beispiel hierfür ist das

---

[91] Vgl. Bauer et al. (2014), S. 21.

[92] Vgl. Wagner et al. (2017), S. 8.

[93] Vgl. Emmrich et al. (2015), S. 14.

[94] Vgl. Lichtblau et al. (2015), S. 66.

[95] Vgl. Dorschel (2015), S. 107.

maschinelle Lernen.[96] Bislang werten aber im Durchschnitt 19 Prozent der mittelständischen Unternehmen gezielt die Daten von Big Data aus. Hierbei spielt die Unternehmensgröße wieder eine wichtige Rolle, dadamit die Anzahl an Unternehmen, die Big-Data-Analysen nutzen, steigt.[97]

## 4.6 IT-Security und Robuste Netze

Die IT-Sicherheit verfolgt das Ziel, die Vertraulichkeit, Verfügbarkeit und die Integrität der Daten zu schützen, sodass die Funktionen der IT-Systeme und Prozesse uneingeschränkt nutzbar sind. Bestimmte Informationen sind somit nur für Domänen zugänglich, die eine Berechtigung haben.[98]

Die IT-Infrastruktur sollte ein sicheres Umfeld bieten und den Weg für den Ausbau von digitalen Services ebnen. Somit können Mittelständer die Digitalisierung im Unternehmen vorantreiben. Das Thema IT und Cybersecurity ist entscheidend, weswegen es im gleichen Tempo entwickelt werden muss wie andere Anwendungen. Unternehmen treffen verschiedene Sicherheitsanforderungen bei I4.0-Anwendungen, die erfüllt werden müssen.

Im Ländervergleich liegt die USA im Bereich der Cyber-Sicherheit vorn, gefolgt von Japan. Auf dem dritten Rang liegt Deutschland, den letzten Platz nimm China ein. Das globale Ranking wurde unter dem Aspekt bewertet, wie gut Unternehmen und Staat im Bereich Sicherheit formiert sind. Der Schwerpunkt der Studie im Bereich Sicherheit wird unter anderem auf folgende Aspekte gelegt:

- Gesetzgebung im Bereich Cyberkriminalität
- Regulierung der digitalen Welt
- Bereitschaft der Politik, im Bereich Cyberpolitik klare Verantwortungen und Rollen zu definieren
- Umgang mit Sicherheitsverstößen
- Zentrale Anlaufstelle bzw. Behörde im Bereich Cybersicherheit[99]

---

[96]Vgl. https://www.bigdata-insider.de/was-ist-big-data-a-562440/ (12.01.2020).

[97] Vgl. Saam et al. (2016), S. 18.

[98] Vgl. https://www.security-insider.de/it-security-umfasst-die-sicherheit-der-ganzen-it-a-578480/ (13.01.2020).

[99] Vgl. Kagermann et al. (2016), S. 120-125. Anmerkung: Jedoch handelt es sich bei dieser Studie um Durchschnittswerte, daher ist eine klare Beurteilung nicht möglich.

Unternehmen stehen vor großen Herausforderungen hinsichtlich der Sicherheit der Vernetzung von Geräten und Maschinen. Robuste Netze bilden eines der Pfeiler für die Anwendung von I4.0 in den intelligenten Fabriken. Im Zentrum stehen hoch verfügbare und echtzeitfähige Kommunikationsnetzwerke. Diese Netzwerke müssen hohe Datenübertragungsratenaufweisen und alle Unternehmensbereiche abdecken. Innerbetrieblich werden W-LAN-Netzwerke und außerbetrieblich Mobilfunknetze zum Einsatz kommen. Die funkbasierten Netzwerke werden zunehmend eine größere Rolle spielen, denn mit dem Einsatz von Smartphones oder Tablets wird die Fabrik der Zukunft gesteuert.[100]

Unternehmen und der Staat solltensich dafür einsetzen, dass diese Funknetzwerke weiterentwickelt werden. So können Stabilität, Verfügbarkeit und die Sicherheit zu gewährleistet werden. Industrieunternehmen setzen weltweit auf die 5G-Technologie, insbesondere, um die digitale Transformation voranzutreiben. Die Übertragungsgeschwindigkeit soll bis zu 100 Mal schneller sein als das derzeitige LTE. Die schnellere Datenübertragung spielt in der I4.0 eine große Rolle, denn die Reaktionszeit der vernetzten Objekte wird somit garantiert.[101] Dadurch wird eine reibungslose und vollständig automatisierte Produktion ermöglicht.[102]Der Geschäftsführer des Bundesverbandes Breitbandkommunikation (Breko) geht davon aus, dass mittelständische Unternehmen eigene 5G-Campusnetze realisieren werden, um für die Zukunft gerüstet zu sein.[103] Die Fabriken der Zukunft werden eine hohe Kommunikation zwischen Sensoren, Maschinen, Geräten und IT-Systemen aufweisen. Der Daten- und Informationsaustausch erhöht sich kontinuierlich und die klassische Kommunikation stößt an wirtschaftliche und praktische Grenzen.

---

[100] Vgl. Bauer et al. (2014), S. 21 f.

[101] Vgl. https://www.basicthinking.de/blog/2019/09/20/vorteile-von-5g-unternehmen/ (09.11.2019).

[102] Vgl. https://www.telekom.com/de/konzern/details/5g-geschwindigkeit-ist-datenkommunikation-in-echtzeit-544496 (09.11.2019).

[103] Vgl. https://www.spiegel.de/netzwelt/netzpolitik/5g-firmen-und-universitaeten-koennen-lokale-frequenzen-beantragen-a-1297393.html (21.11.2019).

Die 5G-Technologie verspricht eine hohe Datenübertragung und eine Echtzeitkommunikation zwischen Maschinen, sodass die Koordination von Maschinen und Prozessen vereinfacht wird. Die Vernetzungstechnologie 5G ist besonders leistungsfähig und Voraussetzung für die Fabriken der Zukunft. [104]

---

[104] Vgl. https://www.produktion.de/trends-innovationen/id-5-gruende-warum-5g-fuer-die-vernetzte-fabrik-essenziell-ist-126.html (21.11.2019).

# 5 Spannungsfelder der Industrie 4.0

Mittelständische Unternehmen besitzen oftmals traditionsreiche Geschäftsmodelle und sindin der Regel Innovationsfrüher in ihrem Gebiet. Diesebegeben sich daher nur selten in schlecht einschätzbare Marktsituationen.[105]Aus diesem Grund ergeben sich hier interessante Spannungsfelder. In diesem Kapitel geht es um die Herausforderungen der KMU. Einen wichtigenThemenbereich stellt der Fachkraftmangel in Unternehmen dar. Die Akquisition von Fachkräften stellt die KMU vor Schwierigkeiten, denn die Bewerber erwarten zu hohe Lohnanforderungen, ebenfalls fehlen Zusatzqualifikationsangebote. Jedoch liegt das Hauptproblem im Bewerbermangel.[106] Eine weitere Herausforderung istdie Bedrohung des Arbeitsplatzes durch den Einsatz von digitalen Assistenzsystemen, die die „einfache" Arbeit der Mitarbeitervermehrt ablösen. Der Mitarbeiter muss sich zudem höhere Qualifikationen aneignen. Als zweiten Punkt werden die mangelnde strategische Orientierung und die fehlende Übersicht der Unternehmen in Hinblick auf die Angebote der I4.0-Technologien erklärt. Abgeschlossen wird dieses Kapitel mit der Finanzierungsfrage.[107]

## 5.1 Fachkraftmängel und Bedrohung des Arbeitsplatzes

Laut einer Umfrage des Beratungsunternehmens Ernst & Young GmbH beklagen zwei Drittel der überwiegend mittelständischen Unternehmen personelle Engpässe.[108]Zudem sehen die KMU derzeit den Fachkräftemangel als größte Gefahr.[109]

Die KMU hingegen fragt nach Personal an, dasüber fachübergreifende Kompetenzen verfügt, sich mit der IT-Infrastruktur auskennt und die Produktionsprozesse versteht. Vielmehr ist interessant zu erfahren, unter welchen Bedingungen die Beschäftigten in der I4.0 arbeiten werden. Wenn IKT-Systeme, Sensoren und Aktoren in der Produktion und in Produkten an Bedeutung zunehmen, stehen die KMU vor einem Konflikt, da die neueingeführten Systeme

---

[105] Vgl. https://www.marktundmittelstand.de/recht-steuern/engagement-besitzt-bei-vielen-mittelstaendlern-eine-lange-tradition-1263791/ (21.11.2019).

[106] Vgl. https://www.kfw.de/KfW-Konzern/KfW-Research/Mittelstand.html (22.11.2019).

[107] Vgl. Obermaier (2019), S. 92.

[108] Vgl. Mertens et al. (2017), S. 94.

[109] Vgl. Mittelstandsbarometer (2019), S. 4.

komplexe Eigenschaften aufweisen und deren Handling mit hohen Anforderungen verbunden ist.[110] Es könnte zu einer Aufteilung der Arbeitszeiten und des Arbeitsortes kommen.[111] Aufgrund der vollständigen Vernetzung aller Unternehmensbereiche, werden zum einen alle Informationen mobil und an jedem beliebigen Ort abrufbar. Zum anderen kann das Unternehmen den Mitarbeiter, nach Rücksprache, flexibel einsetzen.

Außerdem wird durch I4.0 eine Erhöhung der personalen Kompetenz gefördert. Wenn KMU Produktionsprozesse schließlich digitalisieren und I4.0-Projekte einführen, könnten sie für Absolventen noch attraktiver werden. Jedoch handeln viele KMU noch zögerlich.[112]

„Die Auswirkungen auf die Beschäftigten werden massiv sein. Vor allem für An- und Ungelernte erwarten wir weniger Arbeitsplätze. Deshalb ist es eine große Herausforderung, die Menschen für die neue Produktionswelt zu qualifizieren."[113]

Durch die Automatisierung und der damit verbundene Einsatz digitaler Assistenzsysteme, wird es in der Produktionsebene Bereiche geben, die ohne menschliche Eingriffe agieren können. Die Gefahr besteht, dass Arbeitsplätze vor allem in der Produktion abgebaut werden. Damit verbunden ist auch der Verlust der Handlungsautonomie des Arbeitsnehmers.[114]„Digitalisierung bedroht 60.000 Jobs in der Industrie".[115] Es ist unumstritten, dass die Digitalisierung viele Berufe verschwindenlassen wird.[116] Zwar entstehen ebenfalls neue Beschäftigungsmöglichkeiten, jedoch werden meist traditionelle Tätigkeiten, vor allem in der Industrie, aufgrund der hohen Dynamik der Automatisierung verloren gehen. Manuelle Produktionsarbeiten werden beispielsweise durch 3D-Drucker ersetzt.[117]

---

[110] Vgl. Fechtelpeter et al. (2019), S. 18.

[111] Vgl. Matt et al. (2014), S. 157.

[112] Vgl. Spieß et al. (2017), S. 61.

[113] Quelle: https://www.handelsblatt.com/technik/vernetzt/industrie-4-0-haelt-einzug-die-schattenseiten-von-industrie-4-0/10848182-2.html?ticket=ST-16953009-b3VCUDeuQRbAGHfXupu6-ap2 (21.11.2019).

[114] Vgl. Wittpahl (2017), S.100.

[115] Quelle: https://www.spiegel.de/wirtschaft/unternehmen/industrie-4-0-digitalisierung-bedroht-60-000-arbeitsplaetze-a-1059153.html (20.11.2019).

[116] Vgl. https://www.spiegel.de/wirtschaft/unternehmen/industrie-4-0-digitalisierung-bedroht-60-000-arbeitsplaetze-a-1059153.html (20.11.2019).

[117] Vgl. Ittermann (2015), S. 41.

In Zeiten der I4.0 geraten Mitarbeiter des Weiteren in eine schwierige Situation. Dies tritt besonders dann auf, wenn Mitarbeiter mitwachsenden Ansprüchen u.a. bei der Bedienung neuer Technologien und mit derAkzeptanz gegenüber diesen Technologien konfrontiert werden.[118]

Durch die Vernetzung der Maschinen und Produkte entlang der Wertschöpfungskette werden die Aufgabenbereiche der Mitarbeiterdynamischer gestaltet. Die Mitarbeiter sollten sich daher auf die Digitalisierung einlassen, um Fachwissen zu generieren und kreative und innovative Ideen miteinzubringen.[119]

Klassische Modelle und Prozesse werden vermehrt von flexiblen Arbeitsmodellen und modernen Geschäftsprozessenabgelöst. Durch neue Arbeitszeitmodelle verschmelzen Geschäfts- und Privatleben. Die ständige Verfügbarkeit und Erreichbarkeit des Mitarbeiters führen demnach zu einer Belastung, selbstorganisatorische Fähigkeiten und die Kompetenz der Arbeitsgestaltung werden erforderlich. Die Unternehmen setzenvermehrt Wertauf Prozess-beschleunigung, Flexibilität und abgestimmte Kommunikation, die sich der Mitarbeiter effektiv und zügig aneignen muss. Mit den modernen Technologien undder Flexibilität der Aufgaben kommt es zu Überforderungen und damit zu einer psychischen Belastung der Mitarbeiter. Sofern sie für neue Aufgaben nicht qualifiziert sind, kann sich die Überwachung der Systeme und die Übernahme der Verantwortungnegativ auf den Mitarbeiter auswirken. Dies gilt nicht nur für die Produktionsabteilung, sondern für das gesamte Unternehmen.[120]

„Viele Arbeitnehmer fühlen sich durch die Digitalisierung in den Unternehmen gestresst und unter Zeitdruck gesetzt."[121]„Eine aktuelle Studie des Deutschen Gewerkschaftsbundes (DGB) zeigt etwa, dass in der Industrie zwischen 27% und 34% der Mitarbeiter/innen durch Zeitdruck stark belastet sind"[122]

---

[118] Vgl. Vitols et al. (2017), S.2.

[119] Vgl. http://www.kerkhoff-consulting.com/presse/pressemitteilungen/presse-details/news/digitalisierung-stellt-hohe-anforderungen-an-die-kompetenzen-der-mitarbeiter.html (20.11.2019).

[120] Vgl. Spieß et al. (2017), S. 65.

[121]Quelle: http://www.faz.net/aktuell/beruf-chance/arbeitswelt/dgb-studie-belegt-digitalisierung-verursacht-stress-14998136.html (20.11.2019).

[122]Quelle: Gerlmaier (2018), S. 2 f.

Komplexe Technologien, neue Aufgabengebiete, neu erforderliche Kompetenzen, die ständige Erreichbarkeit undsich ständig ändernde Umständeführen zu Stressempfindungen der Mitarbeiter. Zusätzlich erhöhen belastende Informationen, die Vielfalt und Komplexität unterschiedlicher Medien und Wearables den Stressfaktor. Empfohlen werden effektive Ruhephasen.[123] Mitarbeiter sollten ausreichend betreut bzw. geschult werden, um krankheitsbedingte Ausfälle, die auf Stress zurückzuführen sind, zu reduzieren. Langfristig werden somit die Leistungsfähigkeit und Gesundheit des Menschen negativ beeinträchtigt. Diese Ineffizienz betrifft auch das Unternehmen in Bezug auf die höher werdenden Kosten.[124]

## 5.2 Mangelnde strategische Orientierung und fehlende Übersicht

Die Einführung von I4.0 bringt viele Vorteile mit sich, jedoch müssen Unternehmen eine Strategie entwickeln, wo und wann sie mit der Digitalisierung beginnen möchten und wie sie die Potenziale der I4.0 optimal ausschöpfen können.[125] Es ist daher notwendig, die Wirtschaftlichkeit abzuschätzen und die Potenziale der einzuführenden Technologie abzuwägen, um die Investition abzusichern. Die Einsatzmöglichkeiten von CPS- und IoT-Technologien müssen richtig bewertet werden.[126] Wichtige Handlungsfelder für die strategische Planungder Digitalisierung sind beispielsweise bessere und sichere Netze bzw. Breitbandausbau, datenschutzrechtliche Themen, IT-Sicherheit und Qualifizierung der Mitarbeiter. Es gibt viele KMU, die sehr innovationsfreudig sind, insbesondere Start-ups. Viele KMU besitzen jedoch auch traditionelle Strukturen und fehlende IT-Kompetenzen. Aus diesem Grund führt ein Großteil der KMU keine Kompetenzprojekte bzw. kein Change-Management durch. So lassen sich selten bereichsübergreifende und inhaltlich weitreichende Veränderungen in der Organisation durchführen. Daraus folgt, dass Prozesse und Strukturen unverändert bleiben und es zu einer mangelnden strategischen Orientierung kommt. Zudem sind hohe Kosten mit der Digitalisierungverbunden. Je mehr Bereiche digitalisiert werden, desto höhere Kosten trägt das Unternehmen. Die Finanzierung dieser Digitalisierungsprojekte kann ebenfalls zu einem Problem bei den Mittelständlern werden. Häufiger Grund ist indessen die fehlende Einschätzung von Kosten-

---

[123] Vgl. Binckebanck et al. (2016), S. 140 f.
[124] Vgl. Spieß et al. (2017), S. 293 f.
[125] Vgl. Fechtelpeter et al. (2019), S. 21.
[126] Vgl. BMBF (2017), S. 9.

Nutzen-Verhältnissen. Durch die Individualisierung der Produkte und der höher werdende Wettbewerbsdruck, steigt auch der Handlungsdruck.

Unternehmen müssen sich daher darüber klar werden, wo und wie die Digitalisierung stattfinden soll, denn ohne Abwägung der Kosten-Nutzen-Verhältnisse werden Projekte umgesetzt, dessen Potenzial nicht bekannt oder gar nicht ausgeschöpft werden kann.[127] Viele Unternehmen führen kleine Projekte zum Ausbau der Digitalisierung im Unternehmen durch. Für einen kleinen Betrieb kann es bereits hilfreich sein, die eigene Website zu optimieren, um von dem Kunden besser wahrgenommen zu werden. Eine ganzheitliche strategische Ausrichtung im Unternehmen ist aufgrund verschiedener Faktoren nicht immer zu realisieren. Um seine Wettbewerbsposition kurz- und mittelfristig zu stärken, sollte das UnternehmenTeilbereiche des Unternehmens digitalisieren. Dies kann beispielsweise durch das Einführen eines Kundenbeziehungsmanagementsystems (CRM) erfolgen. Sofern genügend Ressourcen zur Verfügung stehen, kann das Unternehmen anschließend eine detailliertere Planung beginnen.[128]

Für die kurz- und mittelfristige Planung könnten beispielsweise folgende Fragen gestellt werden:

- Was kann optimiert werden?
- Welche technologischen Möglichkeiten bzw. Cloud-Lösungen gibt es?
- Wie können diese integriert werden?
- Ist diese Lösung wirtschaftlich und verbessert sich dadurch die Kundenzufriedenheit?

Weitere Fragestellungensollte sich eine Organisation bei der strategischen Planung, also bei größeren I4.0-Projekten stellen, wenn Geschäftsprozesse betroffen sind. Hierzu zählen Veränderungen in der Aufbau- und Ablauforganisation, der IT-Struktur und der Ressourcenbereitstellung. Wichtige Bereiche sind demnach auch die Fertigung bzw. Industrie und die Supply Chain.

Die Unternehmensstrategie muss bei der Digitalisierung konkrete Ziele verfolgen und zur Erreichung dieser Ziele u.a. ökonomische, ökologische, organisatorische

---

[127] Vgl. BMBF (2017), S. 10 f.
[128] Vgl. Saam et al. (2016), S. 55 f.

und personelle Aspekte betrachten, um nicht unnötig Ressourcen zu verschwenden.[129]

Um die Herausforderungen der Führung und Organisation bei Einführung von I4.0-Technologien zu meistern, braucht es ein Führungssystem, das schnelle Abstimmungen und eine ganzheitliche Prozessverantwortung in einem dynamischen Umfeld unterstützt. Die Kreativität und Innovationsfreudigkeit in den Prozessen sollte durch diese Organisationsform bewahrt werden.[130]

## 5.3  IT-Security

Die Rolle der IT-Security nimmt in Zeiten der Digitalisierung vermehrt an Bedeutung zu. Durch die Vernetzung der Industrie und der Transfer der Unternehmensdaten in IKT-Systeme, erhöht sich der Reiz der Hackergruppierungen, welche das Erlangen dieser Informationen zum Ziel haben. Hackerangriffe haben weitreichende Folgen und kann das Unternehmen im schlimmsten Fall in die Insolvenz führen.

„So wurden in den letzten zwei Jahren bereits mehr als die Hälfte der deutschen Unternehmen Opfer von Cyberangriffen…"[131] „Auch der Bundestag wurde Ziel eines Cyberangriffes."[132]

Die Zahl der Cyberangriffe und Spionagefälle sind deutlich gestiegen. Aus diesem Grund müssen Unternehmen ihre Daten im industriellen Internet gut schützen. Des Weiteren ist es wichtig, dass Mitarbeiter-, Kunden- und Geschäftspartnerdaten bestmöglich bewahrt werden. Ein wesentliches Thema betrifft die Sabotage bzw. die Manipulation von Systemen. Das IKT-System muss zwingend sicher entworfen werden, sodass eine Rückverfolgung möglich ist. Aufgrund dessen bietet sich die Einführung einer zweistufige Vernetzungsstrategie an. In der ersten Stufe soll der Datenaustausch intern und ohne eine Anbindung an das Internet erfolgen. In der zweiten Stufe soll anschließend der externe Datenaustausch mit Lieferanten und Partnern entstehen.[133]Zum Schutz vor internen und externen Angriffen und

---

[129] Vgl. Kugler et al. (2018), S. 5.

[130]Vgl. https://www.iao.fraunhofer.de/lang-de/forschung/organisationsentwicklung-und-arbeitsgestaltung/2199-die-organisation-des-industrie-4-0-unternehmens.html (11.01.2020).

[131]Quelle: Gläß et al. (2017), S. 129.

[132]Quelle: http://www.faz.net/aktuell/politik/cyberangriff-auf-den-bundestag-die-wahre-bedrohung-13642293.html (08.11.2019).

[133] Vgl. Gausemeier et al. (2016), S. 43.

juristischen Folgen, bietet es sich an, einen Datenschutzbeauftragten bzw. einen IT-Sicherheitsbeauftragten zu ernennen, sowie ausreichendes Fachpersonal für die IT zu stellen.[134]

Das Thema Datenschutz ist unausweichlich und besitzt eine hohe Relevanz, da die Nutzung von IKT in der industriellen Wertschöpfung viele Daten erzeugt und diese Daten gegenüber Dritten empfindlich sind. Der Schutz des geistigen Eigentumsmuss zwingend gewährleistet werden.[135] Ein Unternehmen kann einen hohen Imageschaden erleiden, sollten diese Daten an Dritte oder an die Öffentlichkeit gelangen. Die Mitarbeiter müssen zusätzlich zu datenschutzrechtlichen Aspekten sowie zu IT-Sicherheitsmaßmaßnahmen geschult werden.[136] Laut der Studie von BSI bilden lediglichrund 50 Prozent der befragten Unternehmen ihre Mitarbeiter zum Thema IT-Sicherheit aus.[137]

Des Weiteren besitzt der Personalbestand nicht den Umfang eines Großunternehmens. Somit können sie komplexere Angriffe nicht abwehren bzw. fehlen die hierfür notwendigen Kompetenzen.[138] Die KMU benötigen wie auch große Unternehmen spezialisierte Fachkräfte, die Attacken von kriminellen Vereinigungen mit verschiedenen Methoden verteidigen können. Für den Schutz vor solchen Angriffen ist ein höheres Personalbudget notwendig. Dieser Kostenblock belastet die KMU stärkerals Großunternehmen oder internationale Großkonzerne.[139]

Jedoch ist ein Outsourcing der IT möglich, da die eigene IT-Kostenplanung sehr unübersichtlich sein kann. Folglich haben Unternehmen transparente und planbare Kosten, die sich während eines Geschäftsjahres nicht ändern. Unternehmen können somit ihr Budget in andere Lösungen investieren, die das Unternehmen operativ unterstützten. Sie können beispielsweise alte Maschinen modernisieren oder die Mitarbeiter mit Gadgets ausrüsten.[140]

---

[134] Vgl. Bauer et al. (2014), S. 22.

[135] Vgl. Mertens et al. (2017), S. 108.

[136] Vgl. Mertens et al. (2017), S. 151 f.

[137] Vgl. BSI (2011), S.28.

[138] Vgl. https://www.computerwoche.de/a/ueber-die-haelfte-der-kmu-erfolgreich-gehackt,3546999 (21.11.2019).

[139] Vgl. Mertens et al. (2017), S. 94.

[140] Vgl. https://www.security-insider.de/it-security-umfasst-die-sicherheit-der-ganzen-it-a-578480/ (11.01.2020).

## 5.4 Finanzierungsprobleme der KMU

„Mit 46% gab fast die Hälfte der mittelständischen Unternehmen in der Zeit von 2013 bis 2015 weniger als 10.000 EUR jährlich für Projekte zur Digitalisierung aus. Rund 17% sparten sich diese Ausgaben komplett, nur fünf Prozent investierten mehr als 100.000 EUR pro Jahr."[141]

Digitalisierungsprojekte bei KMU werden zu 77 Prozent aus den laufenden Einnahmen finanziert, Darlehen von Banken liegen bei vier Prozent. Die Investitionen in Sachanlagen hingegen werden ca. mit 21 Prozent aus Banken und mitdeutlich höhererBeteiligung aus dem Cash-Flow mit 58 Prozent finanziert.[142] An dieser Stelle wird nun die Finanzierung der Innovationsprojekte betrachtet. Die Finanzierung der Innovationsprojekte gleichen den Finanzierungen der Digitalisierungsprojekten. Der Grund könnte in den Projekteigenschaften liegen: Digitalisierungsprojekte sind wie auch Innovationsprojekte mit einem höheren Risiko verbunden, wasverknüpft ist mit Unsicherheiten über zukünftige Standards oder rechtliche Rahmenbedingungen. Externe Kapitalgeber können keine genauen Einschätzungen darüber geben, da zusätzlich Personalkosten und zugleich andere Vorleistungen entstehen und ein geringer Anteil auf materielle Güter entfällt. Dies führt anschließend dazu, dass die externen Kapitalgeber bzw. Banken Risikozuschläge fordern oder nicht investieren möchten.[143]Zudem ist die Digitalisierung der Produktion mit hohen Investitionen verbunden. Bevor Investitionen getätigt werden, müssen einzelne Investitionsprojekte und Bereiche der Digitalisierung genau untersucht werden. Kleine Unternehmen, die unter 300 Mitarbeiter beschäftigen, stufen die Finanzierung eher als problematischer ein alsMittel-oderGroßunternehmen.[144]

Das BMWi fördert verschiedene Branchen der KMU, die ihre Geschäftsprozesse durch digitale Lösungen optimieren möchten. Dies erfolgt durch Beratungsleistungen. Die Beratungsunternehmen, die von der BMWi beauftragt werden, beraten und begleiten die KMU über den gesamten Prozess.

---

[141] Quelle: Ternés et al. (2018), S. 15.
[142] Vgl. Zimmermann (2016), S. 4.
[143] Vgl. Zimmermann (2016), S. 4 f.
[144] Vgl. Deloitte (2012), S. 8.

Hinsichtlich der Formalitäten werden die KMU entlastet. Zusätzlich werden Maßnahmen zum Auf- bzw. Ausbau von modernen IT-Systemen vorgeschlagen. Die Beratung und Umsetzung werden in drei Module gegliedert:[145]

1. Modul „**Digitalisierte Geschäftsprozesse**": E-Business-Softwarelösungen mit Schnittstellen zu Geschäftspartnern und Kunden werden im Unternehmen eingeführt. Ziel ist die umfassende Digitalisierung der Geschäftsprozesse.

2. Modul „**Digitale Markterschließung**": Online-Marketing-Strategien werden entwickelt und die Website seriöser gestaltet. Zudem wird darüber beraten, ob sich die Nutzung externer Vertriebskanäle und der Einsatz von Social Media als sinnvoll erweist. Ziel ist es, professionelles Marketing zu betreiben.

3. Modul „**IT-Sicherheit**": Es werden Sicherheits- und Risikoanalysen der bestehenden bzw. geplanten IKT des Unternehmens durchgeführt und über die Einführung von ISMS beraten. Das Ziel ist es, Cyberangriffe zu minimieren und somit wirtschaftliche Schäden zu senken. Es soll der eigene Betrieb von IT-Sicherheitsmaßnahmen erreicht werden.[146]

Die Beratungsleistungen bestehen aus den Schritten[147]:

- Potenzialanalyse (PA) eines Umsetzungskonzepts

- Konkretisierung des Umsetzungskonzeptes

Die zu fördernden Unternehmen vom BMWi dürfen nicht mehr als 100 Mitarbeiter beschäftigen sowie der Jahresumsatz im Vorjahr darf höchstens 20 Millionen EUR betragen. Zudem muss sich der Sitz des Unternehmens in Deutschland befinden.[148]Die nicht von dieser Unterstützung betroffenen Unternehmen benötigen dennoch eine solide Finanzierung, da die Digitalisierung der Produktion hohe Investitionen voraussetzt.[149] Dies ist notwendig, um innovationsfähig zu bleiben und die Wettbewerbsfähigkeit zu stabilisieren. In Zukunft werden auch Bankkredite für die Finanzierung der mittelständischen Unternehmen eine

---

[145] Vgl. Kugler et al. (2018), S. 125 f.

[146] Vgl. https://www.bmwi.de/Redaktion/DE/Artikel/Digitale-Welt/foerderprogramm-go-digital.html (23.11.2019).

[147] Vgl. Kugler et al. (2018), S. 125 f.

[148] Vgl. https://www.bmwi.de/Redaktion/DE/Artikel/Digitale-Welt/foerderprogramm-go-digital.html (23.11.2019).

[149] Vgl. BMWi (2015), S. 16.

relevante Rolle spielen. Angemessene Konditionen und ein gutes Kreditangebot sind für diese Unternehmen daher entscheidend. KMU profitieren von Privatbanken, öffentlich-rechtlichen Kreditinstituten und Genossenschaftsbanken. Für Start-ups ist die Verfügbarkeit von Risikokapital ausschlaggebend. Die Risikokapitalverfügbarkeit ist auf dem US-amerikanischen Markt jedoch nahezu fünfmal höher als in Deutschland. Dies führtdazu, dass junge und innovative Start-ups nicht wachsen können und eventuell ins Ausland übersiedeln.[150]

---

[150] Vgl. BMWi (2016), S. 8.

# 6    Handlungsfelder – Was sollen Unternehmen für den Einstieg in die Industrie 4.0 tun und welche Unterstützungsbedarfe sind gefordert

In der folgenden Abbildung ist zu erkennen, welche Bereiche sich durch die I4.0 verändern werden. Die I4.0 setzt eine technologieoffene Forschung und Entwicklung voraus. Die Digitalisierung der Produktion und des Serviceangebots sowie die Innovationsfreudigkeit für neue Geschäftsmodelle sollen die digitale Transformation und die Vernetzung und Kooperation des Unternehmens voranbringen. Damit Wettbewerbsvorteile erzielt werden können, muss die Produktion flexibel sein. Die Kunden-, Lieferanten-, und Geschäftsbeziehungen können mithilfe der Integration der Wertschöpfungskette realisiert werden. Mit dem Menschen im Mittelpunkt ist dieAnpassung der Arbeitsbedingungen notwendig.[151]

Die genannten Aspekte müssen von den Unternehmen berücksichtigt werden. Ebenfalls müssen diese klare Ziele definieren, sodass die Strategie zur Digitalisierung des Unternehmens erfolgreich umgesetzt werden kann und die einzelnen Komponenten harmonieren.

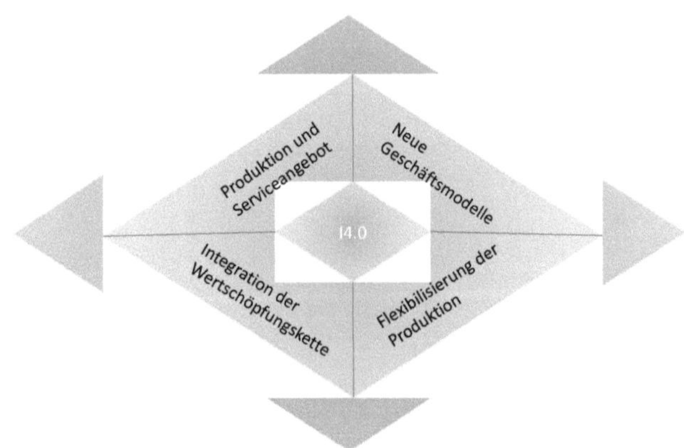


Abbildung 8: Veränderung der Bereiche[152]

---


[151] Vgl. https://www.bmwi.de/Redaktion/DE/Schlaglichter-der-Wirtschaftspolitik/2019/10/kapitel-1-5-leitbild-2030-fuer-industrie-40.html (24.12.2019).
[152] Quelle: Eigene Darstellung in Anlehnung an BMWi (2015), S. 29.

Die Unternehmen sollten in den Bereichen, in denen kein Know-how und Fachwissen vorliegt, das nötige Wissen generieren. Laut der acatech-Studie sehen viele KMU die Sensibilisierung hinsichtlich der Grundlagen der I4.0 als ausreichend. Das Verständnis dafür werden in den angebotenen Veranstaltungen und Förderprojekten vermittelt. Dennoch bestehen Informationsbedarfe, insbesondere in Bereichen wie der IT-Security, Datenschutz, Personalwesen und die konkreten Veränderungen entlang der Wertschöpfungskette. Dies ist wichtig, damit KMU die Potenziale voll ausschöpfen können und in der Lage sind, moderne Geschäftsmodelle aufzusetzen. Auch die Bewertung der Investitionen spielt eine entscheidende Rolle. Im folgenden Kapitel wird auf die Informationsbedarfe der KMU eingegangen und die Vermittlung der Informationen durch Förderprojekte und Anwendungsbeispiele hinsichtlich der Sensibilisierung aufgezeigt.[153]

## 6.1 Handlungsbedarf hinsichtlich der Sensibilisierung und Maßnahmen zur Unterstützung und Erhöhung der IT-Sicherheit von KMU

Die notwendigeVoraussetzung für eine erfolgreiche Umsetzung von I4.0 ist der sichere und vertrauensvolle Umgang mit Daten. Zudemist derauthentische Schutz vor externen Angriffen für die unternehmensübergreifende Kommunikation relevant. Die Potenziale der Wertschöpfungsnetzwerke können nur dann ausgeschöpft werden, wenn Datenströme eindeutigen und sicheren Identitätenzugeteilt werden.[154]

Der Umfang der Umsetzung von Sicherheitsvorgaben und deren Überprüfung ist im Mittelstand verbesserungswürdig. Die Unternehmen benötigen auf diesem Gebiet Unterstützung. Viele KMU fühlen sich mit der Bewältigung eines ganzheitlichen IKT-Ansatzes überfordert, u.a. wegen des hohen Kosten- und Zeitaufwandes, fehlenden Personals, mangelnden Qualifikationen, der starken Fokussierung auf das unternehmerische Alltagsgeschäft und wegen einer unzureichenden Markttransparenz von IT-Sicherheitslösungen.[155]

Die Förderung und Sensibilisierung von KMU für Themen wie IT-Sicherheit und Cyberschutz wird von der Bundesregierung als wichtige Aufgabe gesehen. Beratungsunterstützung und andere Unterstützungsbedarfe bzw.

---

[153] Vgl. acatech (2019), S. 26 f.
[154] Vgl. BMWi (2016), S. 1.
[155] Vgl. Schellinger (2019), S. 98 ff.

Herausforderungen müssen ermittelt und passende Maßnahmen eingeleitet werden.[156]

Die Zunahme von Sicherheitsvorfällen machte mittlerweile vielen Unternehmen, darunter auch KMU, bewusst, dass fehlende Informationssicherheitsmaßnahmen zu Verlusten bzw. Mehrkosten führen können.[157] Bei Unternehmen jeglicher Branche braucht es ein geeignetes Informationssicherheitsmanagementsystem (ISMS) für die umfassende Verteidigung.[158] Denn Cyberattacken und Spionage verursachen für Unternehmen und den Staat Milliardenschäden.[159] Unternehmensdaten und -werte müssen mit einzelnen Maßnahmen, wie u.a. sicherer Zugangsschutz, Virenscanner und Firewalls, geschützt werden. Ebenfalls wirksam ist das Anlegen von Sicherheitskopien und das Verwenden eines zweiten Rechenzentrums.[160] Der Aufbau und Betrieb eines solchen ISMS erfolgt nach vorgegebenen Standards, stellt Unternehmen mitfehlendenFachkenntnissen jedoch vor erhebliche Herausforderungen und erfordert entsprechende Beratungs- und Unterstützungsleistungen.[161] Ein wichtiges Thema innerhalb der Unternehmen stellt der Einsatz von Verschlüsselungslösungen dar, der jedoch nur langsam vorankommt.[162] Bis zu 90 Prozent der Großunternehmen setzen in Bereichen wieetwa in der ÜbertragungenVerschlüsselungslösungen für den E-Mail-Verkehr und Speicherungen z.B. der Festplatte ein, wobei der Einsatz von Verschlüsselungslösungen bei KMU knappdie Hälfte beträgt.[163]

Mit einem hohen Digitalisierungsgrad im Unternehmen steigen auch die Bedrohungen durch Cyberkriminalität, Spionage und Sabotage. Das BMWi trägt im Rahmen seiner Zuständigkeiten zu mehr IT-Sicherheit in der deutschen Wirtschaft bei, mit Initiativen wie „Mittelstand-Digital" und „IT-Sicherheit in der Wirtschaft".[164] Das Ziel ist es, Mittelständler beim sicheren Einsatz von IT-Systemen

---

[156] Vgl. BSI (2011), S. 10 f.

[157] Vgl. https://www.deutschlandfunk.de/angriffe-auf-unternehmen-cyberattacken-und-spionage.766.de.html?dram:article_id=462774 (28.11.2019).

[158] Vgl. Bartsch et al. (2018), S. 40.

[159] Vgl. https://www.deutschlandfunk.de/angriffe-auf-unternehmen-cyberattacken-und-spionage.766.de.html?dram:article_id=462774 (28.11.2019).

[160] Vgl. Bartsch et al. (2018), S. 38.

[161] Vgl. Bartsch et al. (2018), S. 18.

[162] Vgl. Goldhammer et al. (2018), S 2.

[163] Vgl. Goldhammer et al. (2018), S. 13.

[164] Vgl. https://www.bmwi.de/Redaktion/DE/Artikel/Wirtschaft/sicherheit-in-der-wirtschaft.html (20.11.2019).

zu beraten.[165]Hierfür werden Aufklärungskampagnen bzw. Modellvorhaben aufgesetzt, die der Verbesserung der IT-Sicherheit dienen.[166] Ferner sensibilisiert und informiert das BMWi KMU über Leitfäden, Qualifizierungsmaßnahmen und Fragen zur Sicherheit im Rahmen von I4.0. Ein Beispiel hierfür sind Mittelstand 4.0-Kompetenzzentren, in denen KMU vor Ort praxisgerechte Sicherheitslösungen für KMU u.a. im Bereich Logistik oder Robotik in der Produktion angeboten werden. Zudem werden Schulungen zu Themen wie fachliches Wissen zur Informationssicherheit und Datenschutz angeboten.[167]

---

[165] Vgl. https://www.it-sicherheit-in-der-wirtschaft.de/ITS/Navigation/DE/Home/home.html
(20.11.2019).

[166] Vgl. https://www.hu-berlin.de/de/wirtschaft/wtt_anfragen_foerderung/initiative-it-
sicherheit-in-der-wirtschaft (20.11.2019).

[167] Vgl. https://www.mittelstand-digital.de/MD/Redaktion/DE/PDF-Anlagen/bekanntmachung-
bekanntmachung-kompetenzzentrum-einzelhandel.pdf?_blob=publicationFile&v=2
(20.11.2019).

## 6.2 Veränderung der Wertschöpfungskette

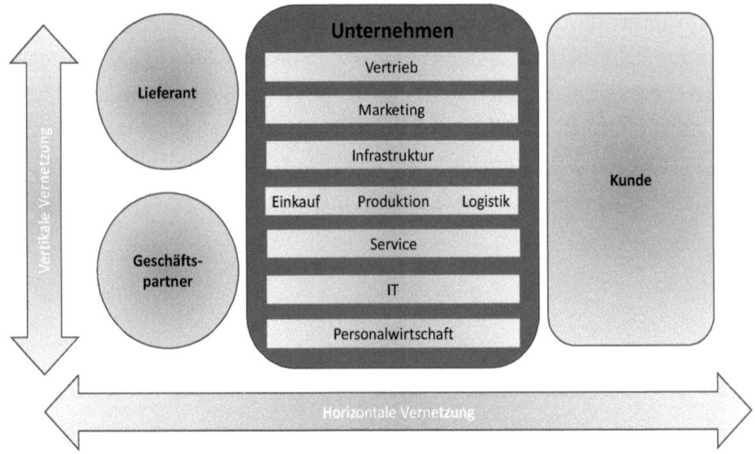


Abbildung 9: Wertschöpfungskette[168]

Durch den steigenden Innovationsdruck entstehen Schwierigkeiten für die Unternehmen, da die Befriedigung individueller Kundenbedürfnisse, die Steigerung der Effizienz und parallel die Senkung der Kostenwichtige Faktoren darstellen, um am Markt konkurrenzfähig zu bleiben. Interne Prozesse wie u.a. Produktion, Logistik, Einkauf und Vertrieb müssen effektiverzusammenarbeiten. Analog ist ebenfalls eine enge externe Kommunikation zwischen Lieferanten, Kunden und Geschäftspartnern erforderlich, insbesondere um den Kundenanforderungen gerecht zu werden, den Service auszudehnen und zu verbessern und die kürzer werdenden Produktlebenszyklen zu verfolgen. Für eine flexible Produktion ist daher eine vollständige Digitalisierung der vertikalen und horizontalen Wertschöpfungskette von großem Vorteil, wobei insbesondere Großunternehmen im Vergleich zu KMU einen höheren Digitalisierungsanteil aufgrund finanzieller Mittel und Know-how erreichen können.[169] Die KMU hingegen sollte vorerst versuchen, Teilbereiche der Wertschöpfungskette zu

---

[168] Quelle: Eigene Darstellung, Anmerkung: Die abgerundeten Ecken sollen symbolisieren, dass die Grenzen eines Unternehmens in der Industrie 4.0 transparenter gestaltet werden, dadurch ist es möglich die horizontale und vertikale Vernetzung zu realisieren.

[169] Vgl. BMWi (2015), S. 16.

digitalisieren, denn lediglich 22 Prozent aller Unternehmen weisen einen hohen Digitalisierungsgrad ihrer Wertschöpfungskette auf.[170]

Klassische Wertschöpfungsketten haben im Gegensatz zu digitalen Wertschöpfungsketten klar definierte Grenzen. Da aber Produktlebenszyklen stetig kürzer werden und auf eine individualisierte Produktion gesetzt wird, ist eine effiziente und schnelle interne wie auch externeZusammenarbeit innerhalb des Unternehmens erforderlich. Durch die horizontale und vertikale Vernetzung der Wertschöpfungskette gelingt dieser Schritt und das Unternehmen schafft es, klare Vorteile zu generieren und u.a. die Kundenzufriedenheit zu erhöhen.

Der Datenaustausch innerhalb und außerhalb der Bereiche wird mit der Digitalisierung der Produktion erleichtert und beschleunigt.[171] I4.0 ermöglicht es, nahezu alle Geschäftsprozesse in der Wertschöpfungskette auszulagern. Die Grenzen des Unternehmens werden dadurch zunehmend aufgelöst (siehe Abbildung 9). Die Chancen für die KMU liegen in der Findung neuer profitabler Nischen in Bereichen des Dienstleistungssektors wie beispielsweise Service und Produktentwicklung. Ein mögliches Szenario wäre auch, dass die vertikale Vernetzungabnimmt. Einzelne Bereiche z.B. die IT-Einheitwerden ausgegliedert und das Unternehmen kann sich mehr auf die Kernkompetenz konzentrieren.[172]

Die **horizontaleIntegration** bringt unterschiedlicheIT-Systeme und Informationsflüsse für die Prozesse wie Einkauf, Produktion und Logistik zusammen. Dies geschieht über die Grenzen des Unternehmens hinweg, um eine weitgehende Lösung zu etablieren.[173] Durch die horizontale Vernetzung ist es u.a. möglich Wettbewerbsvorteile aufzubauen. Zum einen sollte der Kunde aus Vertriebssicht verstanden und davon überzeugt werden, dass die Digitalisierung an dieser Stelle ökonomische Vorteile mit sich bringt. Gleiches gilt für den Einkauf. Dieser sollte einestabile Beziehung zu den Lieferanten sicherstellen, das Businessmodell kennen und gute Überzeugungsarbeit leisten. Eine weitere Aufgabe des Einkaufs ist es, die Produktion bei der Beschaffung von digitaler Ausrüstung zu unterstützen. Die Requirements der Produktion müssen daher verstanden und Angebote dementsprechend bezogen, bewertet und verhandelt

---

[170] Vgl. PwC (2014), S. 19.

[171] Vgl. BMWi (2015), S. 15.

[172] Vgl. BMWi (2015), S. 17.

[173] Vgl. Reinheimer (2017), S. 79.

werden. Für den Einkaufist es daher entscheidend, dassein umfangreiches Verständnis der Digitalisierung der Produktion aufgebaut wird.[174]

Die **vertikale Integration** vernetzt die verschiedenen Systeme auf den unterschiedlichen Hierarchieebenen. Beispiele hierfür sind die Verbindung eines Produktionssystems mit der Unternehmensplanungsebene für eine durchgehende Lösung. Grundsätzlich werden bei der vertikalen Vernetzung nahezu alle Bereiche von dem Supply-Chain-Manager bis zu dem Management betrachtet. Durch die kontinuierliche Datensammlung aus der Fertigung und durch die Analyse dieser Daten können Geschäftsprozesse und Produktionsabläufe kontinuierlich verbessert werden. Die Analyse erfolgt über prädiktive Methoden. Die Historie und aktuelle Messwerte werden ermittelt, um daraus unbekannte Zusammenhänge (deskriptive Analyse) oder Prognosen für das zukünftige Verhalten (prädiktive Analyse) abzuleiten. Ein Zusatznutzen ergibt sich durch die gemeinsame Analyse mit der horizontalen Vernetzung. Die damit gewonnen Erkenntnisse ermöglichen bessere Abschätzungen in Hinblick auf die Zukunft. Das Unternehmen kann so Handlungsalternativen vorbereiten und die Prozesse in der gesamten Wertschöpfungskette optimieren. Durch diese Integration können die Produktqualität und dieProdukteffizienz erhöht werden. Des Weiteren sind Fehlerquellen besser identifizierbar.[175]

Für KMU gestaltet es sich hingegen als schwierig, die verschiedenen Optionen der I4.0 und deren Risiken abzuschätzen und innovative Geschäftsmodelle zu entwickeln. Deswegen besteht Handlungsbedarf in Form einer detaillierten Übersicht hinsichtlich der Risikobewertung der einzelnen Investitionen und Ansätze darüber, wie ein Unternehmen die Geschäftsmodelle entwickeln sollte. Eine Zusammenarbeit mit anderen Unternehmen und ein abgestimmtes Vorgehen bei der Entwicklung von Geschäftsmodellen dient zur Grundlage für die Entstehung horizontaler Wertschöpfungsnetzwerke. Diese Aspekte helfen insbesondere KMU für eine gemeinsame Kooperation und den Wissensaustausch, um die Einführung und die Teilnahme an Netzwerken wirtschaftlich sinnvoll und umsetzbar zu gestalten (siehe Abbildung 10).[176]

---

[174] Vgl. Wolff et al. (2018), S. 4 f.

[175] Vgl. BMWi (2015), S. 15 f.

[176] Vgl. BMWi (2015), S. 7 ff.

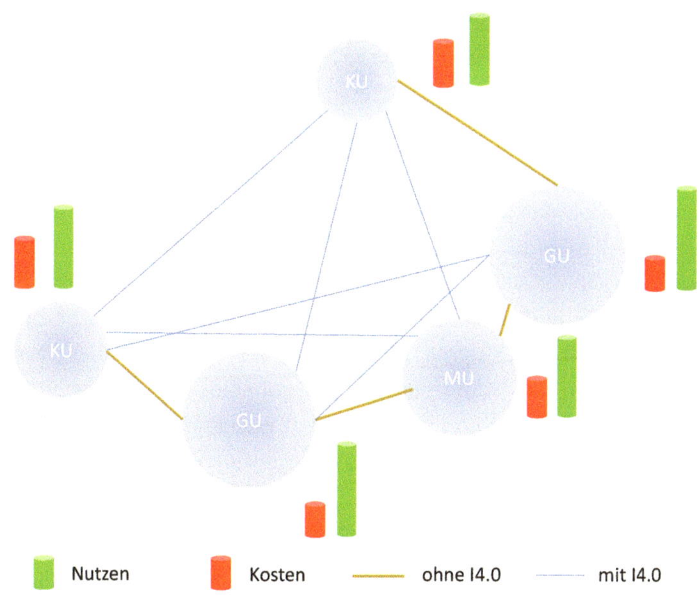


Abbildung 10: Netzwerkeffekte[177]

Aus dieser Konstellation ergeben sich Netzwerkeffekte, wenn Großunternehmen bei der Umsetzung von I4.0 koordiniert vorgehen. Es findet im Idealfall eine totale Vernetzung statt. Dies geschieht in der Regel nur dann, wenn auf einheitliche Kommunikationsstandards umgestellt wird. Durch die maximale Vernetzung ergeben sich die größten volkswirtschaftlichen Effekte. Die Investitionen in die I4.0-Technologien reduzieren sich und der Nutzen steigt.

Die KMU profitieren von dieser Konstellation hinsichtlich der effizienteren Zusammenarbeit mit anderen KMU bzw. Großunternehmen. Dabei werden gemeinsame Produkte entwickelt und zusätzliche Dienstleistungen durch die Auslagerung der Prozesse angeboten.[178] Als Beispiel sind die Zulieferer der Automobilbranche zu nennen. Hier wird der Prozess deutlich vereinfacht, in dem verschiedener Hersteller (Glashersteller, Leuchtmittelhersteller und Elektronikkomponentenhersteller) eines Produktes z.B. gemeinsam an einem

---

[177] Quelle: Eigene Darstellung in Anlehnung an BMWi (2015), S. 41.
[178] Vgl. BMWi (2015), S. 41.

Scheinwerfer arbeiten und sich kontinuierlich absprechen. Eine Investition in die I4.0-Technologien kann sich für die KMU demnach als vorteilhaft erweisen.[179]

Bei dem Projekt GEMINI wird den beteiligten Unternehmen ein Instrumentarium bereitgestellt, um individuelle Geschäftsmodelle zu entwickeln und betreiben zu können. Ziel ist es, tragfähige Geschäftsmodelle im Kontext von I4.0 zu entwickeln. Identifiziert werden allgemeine und I4.0-spezifische Geschäftsmodellmuster wie beispielsweise Fernwartung, Digalisierung und die individuelle Fertigung. Es erfolgt ein Transfer der Muster in eine Wissensbasis. Die Entwicklung von Geschäftsmodellen werden durch solche Muster stark vereinfacht und die Risiken des Scheiterns können somit minimiert werden. Einezuständige Person begleitet die Integration des entwickelten Geschäftsmodells in die Wertschöpfung. Außerdem kann das Unternehmen eine Geschäftsmodellkonfiguration auf der Online-Plattform erstellen und wird hierbei unterstützt.[180]

Der Mittelstand wird auch in diesem Bereich von der BMWi unterstützt. „Mittelstand-Digital" assistiert die digitale Transformation entlang der Wertschöpfungskette. Diese Förderprojekte bieten „Mittelstand-4.0-Kompetenzzentren". Die Kompetenzzentren bieten wiederum den KMU ein wissenschaftsbasiertes und kostenfreies Angebot an. Die Unterstützung umfasst die Einführung und Vernetzung von I4.0-Anwendungen. Die Anforderungen der KMU werden durch Informationen, Demonstrationen und die Umsetzung zur Kenntnis genommen. Anschließend wird Fachwissen und technologisch spezifisches Wissen in einer geeigneten Form an die KMU weitergegeben.[181]

## 6.3 Weitere Unterstützungsbedarfe

Für eine adäquate Einführung von I4.0-Projekten werden **Normen und Standards**benötigt, auf deren Grundlage, Maschinen sicher kommunizieren. Der Verband Deutscher Maschinen- und Anlagenbau (VDMA) hat sich zum Ziel gesetzt, den Datenaustausch zwischen den entlang der Wertschöpfungskette beteiligten Maschinen, Anlagen und Komponentenzu vereinheitlichen. Die Staaten arbeiten hier koordiniert (siehe in Kapitel 2.3) mit gemeinsamen Projekten an einer Referenzarchitektur, auch RAMI 4.0 genannt. RAMI stellt sicher, dass gemeinsame

---

[179] Vgl. BMWi (2015), S. 39 ff.

[180] Vgl. https://www.geschaeftsmodelle-i40.de/index.php?id=38 (17.12.2019).

[181] Vgl. Presse- und Informationsamt der Bundesregierung (2019), S. 82.

Perspektiven und ein gemeinsames Verständnis im Rahmen von I4.0 aufgebaut werdenkönnen.[182]

Durch die Vielzahl an verschiedenen Produkten und Lösungen, steigt die Anzahl der nötigen Standards, die im Umfeld der I4.0 zu betrachten sind.[183]Somit erhöht sich die Investitionssicherheit auf Anbieter- und Anwenderseite. Die Standardisierung wird zwar Zeit in Anspruch nehmen, sie bildet aber eine gute Voraussetzung, um verschiedene Systeme und Anwendungen zusammenzuführen. Damit der Einführungsprozess von I4.0 möglichst reibungslos verläuft, haben KMU hohe Erwartungen an die Standardisierung. Einerseits geht es um Standards bei der totalen Vernetzung. Andererseits um die Standardisierung der zentralen Elemente wie beispielsweise CPS, einheitliche Beschreibungsmodelle oder Programme. Hier besteht nach einer Studie von BMWi ein großer Bedarf nach einem zügigen Fortschritt bei der Vereinheitlichung. Von KMU sind hier insbesondere Übersichten aktueller und zukünftiger Standards sowie der Stand der Fortschritt bei Standardaktivitäten gefragt. Dies würde den KMU einen Vorteil schaffen, wenn sie in die Aktivitäten involviert sind und wenn diese ausreichend kommuniziert werden.[184]

Ein weiterer großer Informationsbedarf sind die Themen rund um das **Personal**, insbesondere bei der Aus- und Weiterbildung der Mitarbeiter sowie die Kompetenzentwicklung bei Einführung von I4.0. Der Wissenstransfer könnte z.B. durch den Ausrüster wie etwa dem Software-Lizenz-Team erfolgen. Bei der Aus- und Weiterbildung des Personals ist jedoch vielmehrUnterstützung nachgefragt. Unter anderem soll die Qualifizierung das gesamte Verständnis und die Schnittstellenfunktionen sowie innerbetrieblich in der Produktion und die IT umfassen. Durch die horizontaleIntegration ist zudem eine unternehmensübergreifende Kompetenz zu Lieferanten und Geschäftspartnern relevant. In Anbetracht der Tatsache, dass es in Zukunft zu einem Fachkraftmängel kommen wird, versuchen Unternehmen, die Kompetenzen und Erfahrungen der Mitarbeiter zu digitalisieren. Dies soll im Falle eines Austritts bestimmter Schlüsselmitarbeiter sicherstellen, dassdas Fachwissen (zumindest einen Teil)

---

[182] Vgl. https://industrie40.vdma.org/viewer/-/v2article/render/18556992 (02.01.2020) und BMWi (2018), S. 1-30.

[183] Vgl. VDMA (2017), S. 1.

[184] Vgl. BMWi (2019), S. 28.

weiterhin genutztwerden kann. Unter diesen Umständen bestehen Unterstützungsbedarfe auf technologischer als auch sozialer Sicht.[185]

Bei der Digitalisierung der Produktion und der Prozesse, begegnen viele traditionelle KMU veralteten und von unterschiedlichen Herstellern geprägte Produktionslandschaften. Auch wenn sich alte Maschinen und Anlagen nochimmerineinem guten Zustandbefinden, verfügen diese nicht über Schnittstellen und sind nicht vernetzungsfähig. Die Anschaffung der Maschinen diente einem bestimmten Zweck, der sich jedoch durch den Lebenszyklus verändert hat. Diese funktionsfähigen Maschinen und Anlagen durch neue zu ersetzen, wäre nicht nachhaltig und mit einem hohen Kostenaufwand verbunden. Stattdessen biete sich sofern möglich eine **Modernisierung von Bestandsanlagen**an.[186] Laut BMWi-Studie bedarf es nach Aussage mehrerer KMU-Führungskräfte an Unterstützungshilfe, um alte Maschinen I4.0-fähig zu machen. Die Lösung liegt meist darin, sie mit geeigneter Sensorik bzw. IoT-Gateways auszustatten. IoT-Gateways verbinden Objekte mit übergeordneten IT-Systemen und sammeln Daten der Maschinen und Anlagen. Ein Vorteil liegt in der niedrigeren Investition in Komponenten statt in ganze Maschinen sowie die Möglichkeit zur Vernetzung. Darüber hinaus können Ressourcen geschont, die Lebensdauer verlängert und Zeit eingespart werden. Das Unternehmen agiert hierbei zusätzlich nachhaltig.[187] Es gibt verschiedene Anbieter für solche Produkte, wie beispielsweise die Bosch Rexroth AG mit der IoT Gateway (Embedded control XM) Lösung.[188]

---

[185] Vgl. BMWi (2019), S. 28 und Künzel et al. (2015), S. 7.

[186] Vgl. BMWi (2019), S. 28 f.

[187] Vgl. https://www.industry-of-things.de/retrofit-alte-maschinen-fit-machen-fuer-industrie-40-a-799418/ (05.01.2020).

[188] Vgl. https://www.boschrexroth.com/en/xc/products/product-groups/electric-drives-and-controls/topics/embedded-control-xm/index (05.01.2020).

# 7 Erfolgsfaktoren bei Einführung von Industrie 4.0

Bei der Umsetzung von I4.0-Ansätze verfolgen Großunternehmen in der Regel unterschiedlichere Ziele als die KMU. Großunternehmen legen besonderen Wert auf die Technologie, Datensammlung bzw. Datenauswertung und KI-Themen. Die KMU hingegen setzen mehr Wert auf die Optimierung und Erweiterung des Produktionsprozesses, z.B. die Fähigkeit, Arbeitsabläufe zu koordinieren und die kundenorientierte Kompetenz zu fördern.[189] Industrieunternehmen jeglicher Größe müssen stets Wettbewerbsvorteile generieren, da sie national wie international herausgefordert werden.[190]

Die BereicheProduktion und Logistik sollten demnach an die Marktsituation angepasst werden, sodass das Unternehmen eine höhere Effizienz in der Fertigung und im Transporterzielen kann.[191] Im Folgenden werden die Chancen und Potenziale, die mit der I4.0 einhergehen, aufgelistet.

## 7.1 Effizienzsteigerung und Kostensenkung

Die Benutzung von Sensoren und Aktoren dienen als Grundlage für die Umsetzung auf technischer Ebene. Es werden CPS und IoTeingesetzt, damit technische und geschäftliche Prozesse sowie die Vernetzung physischer Objekte mit der digitalen Welt verbunden werden. Ziel ist es, intelligente Wertschöpfungsnetzwerke aufzubauen und unternehmensübergreifende Produktions- und Logistikprozesse intelligent zu gestalten, um die Potenzialen der Flexibilität und Effizienz in der Produktion optimal auszuschöpfen.[192] Durch Einsatz dieser Sensortechnik in der Metallindustrie kann ein Unternehmen beispielsweise eine höhere Effizienz des Recycling-Prozesses erzielen und kann mit einer Sortieranlage zur Metallschleusung etwa sechs Prozent an wiederverwertbaren Metallen gewinnen.[193]

Es soll möglich sein, die Produktionskosten trotz individueller Kundenwünsche niedrig zu halten. Durch die Vernetzung und Optimierung der Teilbereiche oder der gesamten Wertschöpfungskette sind alle Informationen in Echtzeit verfügbar. Das Unternehmen kann schließlich rechtzeitig auf die Verfügbarkeit bestimmter

---

[189] Vgl. acatech (2016), S. 2.

[190] Vgl. Wolff et al. (2018), S. 20.

[191] Vgl. Buchholz et al. (2017), S. 13 ff.

[192] Vgl. VDI Zentrum Ressourceneffizienz (2017), S. 25 f.

[193] Vgl. VDI Zentrum Ressourceneffizienz (2017), S. 46 f.

Rohstoffe reagieren, den Verbrauch senken und umweltschonend agieren. Ein Beispiel hierfür ist, dass ein industrieller Prozess des Schmiedens ca. fünf Prozent an Energiekosten mit einer Regulierung der Drucklufterzeugung einsparen kann.

Mithilfe von Enterprise-Ressource-Planning-Systemen (ERP) gelingt es, die für die Produktion benötigten Materialien, zur richtigen Zeit, am richtigen Ort und mit der erforderlichen Menge zur Verfügung zu stellen. Die Produktionsprozesse werden somit flexibel gesteuert und kontinuierlich optimiert. Grundsätzlich wird somit die Wertschöpfungskette effizienter gestaltet und die Wirtschaftlichkeit gesteigert.[194] Die Integration von Geschäftspartnern, Lieferanten und Endverbrauchern in den Wertschöpfungsprozess ermöglicht das frühzeitige Reagieren auf Wünsche oder Einwände und somit das effiziente Nutzen von Ressourcen.[195] Voraussetzung hierfür ist die Speicherung der Dokumente in digitalen Datenspeichern und die Übermittlung dieser mithilfe intelligenter Kommunikationswege. Die Verwaltung, Verarbeitung und der Austausch der Daten werden somit vereinfacht und flexibel gestaltet.

Zusätzlich wird die Leistungsqualität erhöht und digitale Prozesse gefördert.[196] In allen Bereichen, insbesondere auf prozessnaher Ebene, werden große Mengen an Prozessdaten erzeugt. Diese Daten zu analysieren und auszuwerten, führt zu einer Erhöhung der Effizienz im gesamten Automatisierungssystem.[197]

## 7.2 Arbeitserleichterung durch Einsatz von digitalen Assistenzsystemen

Die dezentrale Steuerung der Produktion führt zu einer schnellen Reaktion auf Veränderungen in der Umwelt. Durch den Einsatz von Robotern in der Produktion verändert sich das Aufgabenpaket der „klassischen" Produktionsmitarbeiter. Harte körperliche Arbeit wurde bereits in Zeiten der zweiten und dritten industriellen Revolution abgelöst.[198] Der Einsatz neuer Technologien wie beispielsweise Virtual Reality (VR) Technologien kommen zu Tage. Der Reifegrad dieser Technologie ist noch nicht hoch, jedoch steigen die Ansprüche an Display-Qualitäten, Chip-Geschwindigkeiten und bessere Softwarelösungen. Zukünftig könnten diese VR-

---

[194] Vgl. Summa et al. (2016), S.94.

[195] Vgl. Samulat (2017), S. 14. und Vgl. VDI Zentrum Ressourceneffizienz (2017), S. 45.

[196] Vgl. Kreutzer et al. (2017), S. 33 ff. und https://www.bitinfo.de/digitalisierung.html (14.11.2019).

[197] Vgl. Reinheimer (2017), S. 39.

[198] Vgl. Böckler (2015), S. 5.

Technologien auch bei KMU zum Einsatz kommen. Großunternehmen wie Audi erproben diese VR-Brillen seit 2017 und Montageabläufe werden virtuell getestet. Dafür arbeitet Audi mit einem Start-up zusammen. Diese Tests ergaben, dass die Maße beim Cockpitbau, z.B. in einem Audi R8, exakt gemessen werden konnten.[199] Jedoch werden etablierte Technologien wie Tablets oder Bildschirme am häufigsten verwendet. Laut einer Befragung von Fraunhofer mit 144 Teilnehmern kamen 70 Prozentder Befragten aus den Bereichen der Produktion, Montage und Industrial Engineering. Rund 36 Prozentvon ihnen gabenan, Assistenzsysteme einzusetzen.18 Prozent hingegen gaben an, weder Assistenzsysteme im Einsatz noch in der Planung zu haben. Knapp 32 Prozentbefinden sich im Abwägungsprozess, setzen Assistenzsystemen jedoch noch nicht ein.

Die Unternehmen versprechen sich vom Einsatz der Assistenzsysteme unter anderem folgende Ergebnisse:

- höhere Produktivität, Produktqualität und Wirtschaftlichkeit
- Kontrolle der Prozesse
- Echtzeitfähigkeit
- Mitarbeiterzufriedenheit und Mitarbeiterflexibilität

Die Studie untersuchte zudem Technologien, die in den Einsatzbereichen Fertigung, Montage, Instandhaltung und Logistik verwendet wurden.[200]Bei einer der Technologien handelte es sich um die bereits erwähnte **VR- Technologie** und **RFID**. Daneben waren relevante Technologien wie **Augmented Reality(AR),** die eine computergestützte Erweiterung der Realitätswahrnehmung darstellt. Hier werden Informationen und Prozessschritte visualisiert und als Ergänzung zu Bildern und Videos eingeblendet.[201] Das **Condition Monitoring(CM)** bewertet den Betriebszustand von technischen Anlagen mit der Unterstützung von Sensoren. Es werden Ursache-Wirkungs-Zusammenhänge zwischen der Errichtung, Inbetrieb-nahme und während des Betriebes betrachtet. Hier greift die Technologie auch auf Daten wie Produktionshistorie zurück, die zuvor dokumentiert und überwacht wurde. Aus diesen Daten lässt sich schlussfolgern, wie zuverlässig und verfügbar

---

[199] Vgl. https://www.automobil-produktion.de/hersteller/audi-erprobt-virtuelle-montageablaeufe-in-der-produktion-103.html (15.11.2019).

[200]Vgl. Klapper et al. (2019), S. 9-13.

[201]Vgl. https://www.augmented-minds.com/de/erweiterte-realitaet/was-ist-augmented-reality/ (16.11.2019).

die Anlagen sind.[202] Mit den **Picking-Technologien** wie Pick-by-Voice oder Pick-by-Light werden Kommissionierer kognitiv durch eine computergenerierte Stimme bzw. über Lichtsignale oder RFID unterstützt. Die Vorteile beider Technologien liegen in der hohen Bewegungsfreiheit, verkürzten Suchzeiten und gute Anbindungsmöglichkeiten an verschiedene Geräte. Nachteile dieser Technologien sind u.a. hohe Initialkosten, hoher Einstellungs- und Wartungsaufwand.[203]

Zu den Basistechnologien der I4.0 gehören die **Objektidentifizierung und Positionserkennung**. Produkte und Waren übermitteln, den Zustand und die Position durch Einsatz von Sensoren kontinuierlich an die Software. Das Be- und Entladen, das Sortieren und die Montageaufgaben werden soautomatisiert. Durch das Tracking werden die Arbeitsgeschwindigkeit und die Qualität gesteigert.[204]

## 7.3 Wettbewerbsvorteile durch informationsbasierten Wissensvorsprung

Um die Wettbewerbsfähigkeit zu erhöhen, ist es entscheidend bestimmte Bereiche des Unternehmens zu digitalisieren. Erst muss die Prüfung bestehende Geschäftsprozesse stattfinden und anschließend die Identifizierung der Prozesse, die hohe Kosten verursachen oder viel Zeit in Anspruch nehmen, erfolgen. Die identifizierten Bereiche mit hohen Kosten- oder Zeitfaktoren könnten digitalisiert werden, wenn die digitalen Optimierungsvorschläge umsetzbar sind.[205]

Das Unternehmensumfeld gestaltet sich mit zunehmenden individualisierten Wünschen und Bedürfnissender Kunden und Anwender als dynamischer. Auch die Verbreitung digitaler Technologien ist hierfürein Faktor. Wichtig für Unternehmen ist es, die Eigenschaft zu haben auf schnelle und spontane Veränderungen zu reagieren. Unter diesen Veränderungen werden neue Produkte, Dienstleistungen, Prozesse und Geschäftsmodelle verstanden. In Zeiten der Digitalisierung werden Informationen und Prozesse transparenter gestaltet. Die höchste Priorität für Innovationen hat demnach nicht die Selbstgenerierung benötigter Informationen

---

[202] Vgl. https://www.izm.fraunhofer.de/de/abteilungen/rf---smart-sensor-systems/Forschungsschwerpunkte/Condition_Monitoring_Systeme.html (16.11.2019).

[203]Vgl. https://www.i-vision.eu/kommissioniermethoden/ (19.11.2019).

[204] Vgl. https://www.iuk.fraunhofer.de/de/forschung-entwicklung/geschaeftsfelder/produktion-und-logistik.html (19.11.2019).

[205] Vgl. Kugler et al. (2018), S. 56.

bzw. das Besitzen des Wissens, sondern vielmehr auch externes Fachwissenin das eigene Unternehmen zu transferieren, Chancen und Potenzialeherauszuarbeiten und hieraus schnell marktfähige und ökonomische Lösungen bzw. (digitale) Geschäftsmodelle zu entwickeln.[206]

Durch die digitale Transformation wird eine neue Dimension der Datengenerierung erreicht. Zum einen spielen die digitalen Technologien eine Schlüsselrolle, um außerhalb des Unternehmens Fachwissen und Know-how zu gewinnen. Zum anderen wird durch den Einsatz neuer digitaler Technologien in der Produktion und entlang der Wertschöpfungskette massenhaft Informationenund Prozessdaten generiert. Beispiele hierfür ist die Vernetzung physischer Objekte, Maschinen, Anlagen und Produkte über das IoT. Daraus folgen selbstlernende Maschinen und Systeme. Entlang der Wertschöpfung ist dies der unternehmensübergreifende Datenaustausch von Produktions-, Dispositions- und Logistikdaten in Echtzeit. Bei allen Vorgängen werden die viele Informationen, „Big Data", aus internen wie externen Quellen, verschiedenen Abteilungen und direkt von Maschinen und Anlagen in der Produktion erzeugt.[207] Diese Vernetzungen über die Cloud bringen Optimierungspotenziale auf Kunden- als auch auf Unternehmerseite. Auf Basis der gewonnenen Daten kann die Effizienz der Maschinen gesteigert und technische Mängel im Vorfeld beseitigt werden, bevor es zum Totalausfall kommt.[208]

Durch das Entstehen intelligenter Wertschöpfungsketten können alle Phasen des Produktes, also Entwicklung, Fertigung, Wartung und Recycling, verfolgt werden. Die Produkte werden somit plan- und steuerbar und die Dienstleistungen können an die Produkte zugeschnitten werden. Den Unternehmen gelingt es einfacher als bisher, Produkte nach individuellen Kundenwünschen zu produzieren..

Im Großen und Ganzen ist es somit möglich die Wirtschaftlichkeit und Flexibilität der Produktion zu erhöhen, Wettbewerbsvorteile aufzubauen und Kundenbedürfnisse besser zu befriedigen.[209]

---

[206] Vgl. Wagner et al. (2017), S. 185 f.

[207] Vgl. Wagner et al. (2017), S. 186 f.

[208] Vgl. Andelfinger (2017), S. 77.

[209] Vgl. Samulat (2017), S. 5 f.

Für KMU trägt die Digitalisierung demnach eine noch höhere Bedeutung, da technische und betriebswirtschaftliche Chancen genutzt werden können und das Unternehmen somit Wettbewerbsvorteile und die Leistungsfähigkeit ausbauen kann. Jedoch muss das Unternehmen in der Lage sein, die vielen Informationen analysieren und auswerten zu können. Konkret sollten die Erkenntnisse in die operativen Aktivitäten der verschiedenen Abteilungen wie beispielsweise Einkauf, Produktion oder Logistik und auch strategische Aktivitäten für die Entwicklung neuer Produkte, Dienstleistungen, Geschäftsmodelle und Produktionsprozesse einfließen. Dievon digitalen Technologien erzeugten Daten stellen wichtige immaterielle Ressourcen dar, die das Unternehmen für die optimale Steuerung, Durchführung und Kontrolle der komplexen Wertschöpfungskette, Produktions- und Geschäftsprozesse verwenden und somit ihre Leistungs- und Wettbewerbsfähigkeit im dynamischen Umfeld stärken kann.[210] Die Einführung von I4.0 reicht demnach nicht aus, um die Wettbewerbsvorteile dauerhaft zu sichern. Das Unternehmen sollte sich nicht nur auf die Effizienzvorteile der Produktion fokussieren, sondern muss sich zu Ziel setzen, die Kundenbedürfnisse besser zu befriedigen und innovative Produkte anzubieten. Wettbewerber aus den USA, China oder Israel dringen mit Großkonzernen oder auch Start-ups in etablierte Märkte ein. Die Konkurrenz muss demnach stets beobachtet werden.[211]

## 7.4   Dynamische Wertschöpfungskette und digitale Geschäftsmodelle

Einer der zentralen Leitgedanken von I4.0 ist die zunehmende digitale Vernetzung in der Produktion sowie die Bildung von unternehmensübergreifenden Kooperations- und Wertschöpfungsnetzwerken. Durch eineautomatisierte Kommunikation über unterschiedliche Schnittstellen, werden Potenziale wie höhere Dynamik, eine effizientere Fertigung sowie neue, plattformgestützte Geschäftsmodelle in der Produktion geschaffen. Zusätzlich ist eine Erweiterung klassischer Geschäftsfelder möglich.[212]

Unternehmen, die zukünftig erfolgreich sein möchten, müssen sich an das Unternehmensumfeld anpassen. Dies gelingt nur dann, wenn Unternehmen einen modernen Innovationsprozess entwickeln. Innovationen können jede Art von Veränderungen von Produkten, Dienstleistungen und digitale Geschäftsmodelle

---

[210] Vgl. Wagner et al. (2017), S. 186 ff.
[211] Vgl. Kollmann et al. (2016), S. 73.
[212] Vgl. BMWi (2016), S. 1.

sein, vorausgesetzt sie schaffen einen Mehrwert. Die Innovation selbst kann eine Optimierung der bestehenden Produkte, Dienstleistungen oder Prozesse sein oder die Erfindung von etwas Neuem. Der Innovationsprozess muss in der Unternehmenskultur fest verankert werden, um mit dem schnellen Wandel mithalten zu können. Die Motivation und die Experimentierfreudigkeit mit neuen Technologien der Mitarbeiter spielt daher eine große Rolle.[213]

In den vergangenen Jahren haben sich die Märkte stärker an Kundennachfragen orientiert. Die Kunden erwarten heutzutage eine höhere Qualität der angebotenen Produkte und Dienstleistungen.[214] Das heißt, dassKunden individuelle Produkte bevorzugen, die mit der modernen Technologie kostengünstig produziert werden können. Demnach rücken die Kunden vermehrt in den Fokus und die Unternehmen sollten ihr Geschäftsmodell an den Kunden zuschneiden. Ein Geschäftsmodell befasst sich u.a. mit den Fragen:

- Was biete ich den Kunden an?
- Wie erfolgt die Kommunikation mit dem Kunden?
- Wie wird die Leistung erbracht?

Ein digitales Geschäftsmodell befasst sich ebenfalls mit diesen Fragestellungen, jedoch aus einem anderen Blickwinkel. Denn bei jedem Prozessschritt (Produktion, Kommunikation usw.) werden Informationen generiert. Diese Informationen werden analysiert und ausgewertet. Die digitalen Technologien können Prozesse automatisieren und schlanker gestalten.[215]

Ausschlaggebend für neue Geschäftsmodelle sind moderne Technologien. Durch den zunehmenden Einsatz von IKT werden sich in Zukunft klassische Prozesse mit ihren hierarchischen Strukturen auflösen und von flexiblenWertschöpfungsketten in der I4.0 ersetzt. Über eine digitale Plattform bieten Unternehmen freie Fertigungskapazitäten an und erhöhen die Produktivität der Maschinen. Einige Unternehmen greifen auf die freien Kapazitäten und erweitern zeitweise und auftragsbezogen die eigene Fertigungsbandbreite.[216] Für KMU eignen sich solche Netzwerke verteilter Produktion, da individuelle Produkte und Dienstleistungen in beliebiger Quantität und Qualität am Markt konkurrenzfähig angeboten werden

---

[213] Vgl. Kugler et al. (2018), S. 105.

[214] Vgl. BMWi (2016), S.14.

[215] Vgl. BMWi (2017), S. 4 f.

[216] Vgl. BMWi (2016), S. 1 f.

können. Bedeutende Eigenschaften eines solchen Konzeptes sind die unternehmensinterne sowie unternehmensübergreifende digitale Vernetzung. Die auftragsgesteuerte Produktion (AGP) beinhaltet mehr als nur die Steuerung eines Auftrages der eigenen Produktion. Vielmehr entstehen Kooperationsnetzwerke zwischen Unternehmen, die über die vertikale und horizontale Vernetzung der Produktionssysteme der Geschäftspartner erfolgen.

Ein Beispielfür ein neues Geschäftsmodell ist, dass Maschinen in Zukunft als Plattform bzw. Schnittstelle für weiterführende Anwendungen z.B. Software-Produkte relevantwerden. Die Attraktivität der Maschinen bzw. Produkte wird somit gesteigert. Damit verbunden ist einedurch den USP entstehende steigernde Nachfrage an der Maschine. Dieses USP beinhaltet neue Funktionalitäten und Anwendungen, die mit der Anlage kompatibel sind. Im Maschinenbau entwickeln sich somit disruptive Veränderungen für die aktuellen Geschäftsmodelle. Hier kann zum einen denkbar sein, dass der Maschinenbauer die Entwicklung der Software-Technik seiner Maschinen unterstützt. Zum anderen ist möglich, dass die Hardware durch die Anwendungen subventioniert wird. Wie genau die Veränderungen stattfinden, hängt u.a. von dem Wettbewerb und der Ansiedlung der Produkte in der Wertschöpfungskette ab.[217] Der Schutz dieser Netzwerke ist von großer Bedeutung. Deshalb ist es wichtig, dass das Wertschöpfungsnetzwerk auf validierten, verifizierten und sicheren Identitäten aufgebaut ist. Dadurch gelingt eine sichere Identifikation der Geschäftspartner sowie die Überprüfung der übermittelten Daten.[218]

Es ist festzuhalten, dass Maschinen und Produktedurch die I4.0 verschiedene Schnittstellen besitzen, die für intelligente und smarte Produkte und weiterführende Anwendungen entscheidend sind. Zusätzlich wird mit I4.0 die Rolle der Kunden und Geschäftspartner verändert.[219]

---

[217] Vgl. BMWi (2015), S 32.
[218] Vgl. BMWi (2016), S. 1 ff.
[219] Vgl. PwC (2014), S. 30.

# 8 Fazit

Die Bachelorarbeit unterstreicht, dass die digitale Transformation einen Umbruch herbeiführt, der durch die Globalisierung, Elektrifizierung und dem demographischen Wandel angetrieben wird. Unternehmen befinden sich inmitten eines beschleunigten Wandels der Industriestrukturen. Das dadurch Probleme in jeglicher Artentstehen können, ist vielen KMU bekannt. Auffällig ist allerdings, dass KMU zögerlichauf den digitalen Wandel reagieren. Ein Grund hierfür ist u.a. die Unwissenheit der tatsächlichen Chancen der I4.0 auf die Geschäftsprozesse.[220] Abbildung 4 macht sichtbar, dass die Kenntnisse über I4.0 zwar vorhanden sind, sich KMU jedoch nicht ausreichend mit dieser Thematik beschäftigen. Dies kann aus wirtschaftlicher Sicht als eine gefährliche Entwicklung angesehen werden. Entscheidend ist aber, dass die KMU und deren Prozesse digitalisiert werden müssen. Dies ist erforderlich, da die Gefahr besteht, die Wettbewerbssituation zu verlieren.

Drei wesentliche Gründe erklären, wieso Digitalisierung bzw. I4.0 bei produzierenden Unternehmen unausweichlich ist.[221] Der erste Grund ist, dass der **potenzielle Kunde** das Internet in der heutigen Zeit vermehrt nutzt, um Produkte und deren Funktionalitäten zu vergleichen. Ebenfalls nutzt er es insbesondere als Informationsquelle und für geschäftliche Entscheidungen. Der zweite Grund liegt darin, dass nicht nur der Kunde das Internet verwendet, um sich zu informieren, sondern auch die **Wettbewerber**. Diese verwenden das World-Wide-Web und Vernetzungseffekte, um Geschäftsprozesse abzuwickeln. Die Risiken werden deutlich minimiert, wenn global agierende Technologieunternehmen zusammen agieren. Den drittenGrund stellen die **Anbieter von digitalen Geschäftsmodellen** dar. Sie werden zunehmend zu authentischen Produktanbietern und Dienstleistern. Aus diesen Gründen sollten sich Unternehmen frühzeitig Gedanken über die strategische Planung und die Geschäftsfeldentwicklung machen. Folglich ändert bereits die Nutzung des Internets die Entscheidungsprozesse hinsichtlich der Informationen, Kommunikation und Transaktionen nachhaltig.[222]

---

[220]Vgl. Obermaier (2019), S. 110.
[221]Vgl. Kollmann et al. (2016), S. 30 f.
[222]Vgl. Kollmann et al (2016), S. 30 und PwC (2014), S. 4.

Es wird daher empfohlen, die in Kapitel 1.3 definierten Fragestellungen mit betriebswirtschaftlichen Modellen zu diskutieren und rechnerisch zu überprüfen, ob ein Nutzen der Investitionen in I4.0-Technologien entsteht. Eines der größten Herausforderungen für KMU ist, die Wirtschaftlichkeit der zu tätigenden Investitionen abzuwägen. Ferner sollten die KMU strategisch überprüfen, inwieweit die Vernetzungseffekte reichen. Jedoch sollte ein koordiniertes Vorgehen mit anderen Unternehmen bevorzugt werden, damit die Vernetzungseffekte zu einem größeren Teil genutzt werden können. Wichtig ist hierbei die Rolle der Großunternehmen bei der Umsetzung von I4.0.[223] Abschließend kann gesagt werden, dass das Warten auf eine Standardlösung keine strategische Alternative ist, daher sollten KMU umgehend damit beginnen, sich mit der Thematik auseinanderzusetzen und die Produktionstechnologie schrittweise anzupassen. Geschieht dies nicht, kann es im schlimmsten Fall zu einer Verdrängung vom Markt kommen.

„Der „Industrie 4.0- Zug" verlässt den Bahnhof – die Unternehmen müssen entscheiden, wann für sie der beste Moment zum Aufspringen ist."[224]

---

[223] Vgl. BMWi (2015), S. 46.
[224] Quelle: PwC (2014), S. 45.

# Quellenverzeichnis

## Literaturverzeichnis

acatech(Hrsg.): Kompetenzen für Industrie 4.0 – Qualifizierungsbedarfe und Lösungsansätze, o. O. 2016. (abrufbar unter: https://www.acatech.de/publikation/kompetenzen-fuer-industrie-4-0-qualifizierungsbedarfe-und-loesungsansaetze/, Zugriffsdatum: 03.11.2019).

acatech (Hrsg.): Vorstudie zur Entwicklung einer bedarfs- und nutzergerechten Unterstützung von KMU bei der Einführung und Anwendung von Industrie 4.0, München 2019. (abrufbar unter: https://www.acatech.de/publikation/unterstuetzung-von-kmu-auf-dem-weg-zur-industrie-4-0/, Zugriffsdatum 05.11.2019).

Andelfinger Volker P., Hänisch Till (2017): Industrie 4.0: Wie cyber-physische Systeme die Arbeitswelt verändern, Wiesbaden 2017.

Bartsch Michael, Gentemann Lukas, Kob Timo, Krösmann Christoph, Mille Marco, Petrie Axel, Ritter Teresa, Rost Peter, Schmidt Swantje, Schulz Marco, Trapp Dan Wittmaack Lars (2018): Spionage, Sabotage und Datendiebstahl – Wirtschaftsschutz in der Industrie, Berlin 2018.

Bauer Wilhelm, Schlund Sebastian, Marrenbach Dirk, Ganschar Oliver (2014): Industrie 4.0 – Volkswirtschaftliches Potenzial für Deutschland, Berlin 2014.

BertelsmannStiftung (Hrsg.): Zukunft der Arbeit in deutschen KMU, München 2018.

Binckebanck Lars, Elste Rainer (2016): Digitalisierung im Vertrieb Strategien zum Einsatz neuer Technologien in Vertriebsorganisationen, Wiesbaden 2016.

Bitkom (Hrsg): Industrie 4.0 – Wo steht Deutschland? Hannover 2018.

Blöckler (2015): Was die Industrie 4.0 den Beschäftigten bringt, o.O. 2015.

Bousonville Thomas (2017): Logistik 4.0: Die digitale Transformation der Wertschöpfungskette, Wiesbaden 2017.

Buchholz Birgit, Ferdinand Jan-Peter, Gieschen Jan-Hinrich, Seidel Uwe (2017): Digitalisierung industrieller Wertschöpfung – Transformationsansätze für KMU, Berlin 2017 (Begleitforschung AUTONOMIK für Industrie 4.0 iit-Institut für Innovation und Technik in der VDI/VDE Innovation + Technik GmbH (Hrsg.) abrufbar unter: https://www.digitale-technologien.de/DT/Redaktion/DE/Downloads/Publikation/2017-04-27_AUT%20Studie%20Wertschöpfungsketten.pdf?_blob=publicationFile&v=2, Zugriffsdatum: 27.11.2019).

Bundesamtes für Sicherheit in der Informationstechnik (2011): Studie zur IT-Sicherheit in kleinen und mittleren Unternehmen Grad der Sensibilisierung des Mittelstandes in Deutschland, Bonn 2011 (abrufbar unter: https://www.bsi.bund.de/SharedDocs/Downloads/DE/BSI/Publikationen/Studien/KMU/Studie_IT-Sicherheit_KMU.pdf;jsessionid=DC0330CB81FD2ADE8DB84FADF1D799A5.1_cid360?_blob=publicationFile&v=3, Zugriffsdatum: 12.01.2020).

Bundesministerium des Innern (Hrsg.): Agenda im Fokus, Berlin 2015.

Bundesministerium für Bildung und Forschung (2017): Industrie 4.0 Innovationen für die Produktion von morgen, Berlin 2017.

Bundesministerium für Wirtschaft und Energie (BMWi) (Hrsg.): Aktionsprogramm Zukunft Mittelstand, Berlin 2016 (abrufbar unter. https://www.bmwi.de/Redaktion/DE/Publikationen/Mittelstand/aktionsprogramm-zukunft-mittelstand.pdf?_blob=publicationFile&v=14, Zugriffsdatum: 16.12.2019).

Bundesministerium für Wirtschaft und Energie (BMWi) (Hrsg.): Digitale Geschäftsmodelle: Themenheft Mittelstand-Digital, Berlin 2017 (abrufbar unter: https://www.bmwi.de/Redaktion/DE/Publikationen/Mittelstand/mittelstand-digital-digitale-geschaeftsmodelle.pdf%3F_blob%3DpublicationFile%26v%3D15, Zugriffsdatum: 10.12.2019).

Bundesministerium für Wirtschaft und Energie (BMWi) (Hrsg.): Industrie 4.0: Volks- und betriebswirtschaftliche Faktoren für den Standort Deutschland, Berlin 2015 (abrufbar unter: https://vdivde-it.de/system/files/pdfs/industrie-4.0-volks-und-betriebswirtschaftliche-faktoren-fuer-den-standort-deutschland.pdf, Zugriffsdatum: 01.12.2019).

Bundesministerium für Wirtschaft und Energie (BMWi) (Hrsg.): IT-Security in der Industrie 4.0, Berlin 2016.

Bundesministerium für Wirtschaft und Energie (BMWi) (Hrsg.): RAMI 4.0 – Ein Orientierungsrahmen für die Digitalisierung, Berlin 2018 (abrufbar unter: https://www.plattform-i40.de/PI40/Redaktion/DE/Downloads/Publikation/rami40-einfuehrung-2018.pdf?_blob=publicationFile&v=7, Zugriffsdatum: 10.12.2019).

Deckert Ronald (2019): Digitalisierung und Industrie 4.0: Technologischer Wandel und individuelle Weiterentwicklung, Wiesbaden 2019.

Deloitte&Touche GmbH (Hrsg.): Finanzierung im Mittelstand, o. O. 2012.

Doleski Oliver D. (2017): Herausforderung Utility 4.0: Wie sich die Energiewirtschaft im Zeitalter der Digitalisierung verändert, 2017 Wiesbaden.

Dorschel Joachim (2015): Praxishandbuch Big Data: Wirtschaft – Recht – Technik, Wiesbaden 2015.

Eckstein Jürgen (2013): Agilität — ein Baustein der dritten industriellen Revolution, Wiesbaden (2013).

Emmrich Volkhard, Döbele Mathias, Schatz Anja, Weskamp Markus (2015):Geschäftsmodell-Innovation durch Industrie 4.0 Chancen und Risiken für den Maschinen- und Anlagenbau, o. O. 2015.

Ernst & Young (2019): Mittelstandsbarometer, o. O. 2019. (abrufbar unter: https://www.ey.com/Publication/vwLUAssets/ey-mittelstandsbarometer-januar-2019-befragungsergebnisse/$FILE/ey-mittelstandsbarometer-januar-2019-befragungsergebnisse.pdf, Zugriffsdatum: 11.12.2019).

Fechtelpeter Christian, Heim Yvonne, Niewöhner Nadine (2019): Vorstudie zur Entwicklung einer bedarfs- und nutzergerechten Unterstützung von KMU bei der Einführung und Anwendung von Industrie 4.0, München 2019.

Gausemeier Jürgen, Klocke Fritz (2016): Industrie 4.0 Internationaler Benchmark, Zukunftsoptionen und Handlungsempfehlungen für die Produktionsforschung, Paderborn 2016.

Gerlmaier Anja, Geiger Laura (2018): Produktionsarbeit in Zeiten von Industrie 4.0, Dusiburg 2018. (aufrufbar unter: https://www.iaq.uni-due.de/iaq-report/2018/report2018-02.pdf (20.11.2019).

Geschwill Ronald, Nieswandt Martina (2016): Laterales Management, Das Erfolgsprinzip für Unternehmen im digitalen Zeitalter, Wiesbaden 2016.

Gläß Rainer, Leukert Bernd (2017): Die Digitalisierung des Handels: Strategien, Technologien, Transformation, Berlin 2017.

Gleich Ronald, Losbichler Heimo, Zierhofer Rainer (2016), Controlling und Industrie 4.0: Konzepte, Instrumente und Praxisbeispiele für die erfolgreiche Digitalisierung, Freiburg 2016.

Goldhammer Klaus, Wiegand André, Lehr Sebastian, Pohlmann Norbert, Wojzechowski Chris, Hoang Johnny, Jötten Ole, Koch Alexander (2018): Einsatz von elektronischer Verschlüsselung – Hemmnisse für die Wirtschaft, (im Auftrag des BMWi), o. O. 2018.

Hansen Hans Robert, Mendling Jans, Neumann Gustaf (2015): Wirtschaftsinformatik, Berlin 2015.

Heilmann Dirk, Eickemeyer Ludwig, Kleibrink Jan (2016): Industrie 4.0 im internationalen Vergleich, Düsseldorf 2016.

Ittermann Peter, Niehaus Jonathan, Hirsch-Kreinsen Hartmut (2015): Arbeiten in der Industrie 4.0, Dortmund 2015.

Kagermann Henning, Anderl Reiner, Gausemeier Jürgen, Schuh Günther, Wahlster Wolfgang (2016): Industrie 4.0 im globalen Kontext, o.O. 2016.

Kagermann Henning, Lukas Wolf-Dieter, Wahlster Wolfgang (2015): Industrie 4.0: Mit dem Internet der Dinge auf dem Weg zur 4. Industriellen Revolution, Düsseldorf 2015.

Klapper Jessica, Gelec Erdem, Pokorni Bastian, Hämmerle Moritz, Rothenberger Robert (2019): Potenziale digitaler Assistenzsysteme, Stuttgart 2019. (eine Studie von Fraunhofer-Institut für Arbeits- wirtschaft und Organisation IAO, abrufbar unter: http://publica.fraunhofer.de/eprints/urn_nbn_de_0011-n-5550798.pdf, Zugriffsdatum: 22.11.2019).

Koch Volkmar, Kuge Simone, GeissbauerRheinhard, SchraufStefan (2014): Industrie 4.0: Chancen und Herausforderungen der vierten industriellen Revolution, o.O. 2014 (eine Studie von PricewaterhouseCoopers International (PwC), abrufbar unter: https://www.strategyand.pwc.com/de/de/studie/industrie-4-0.pdf, Zugriffsdatum: 20.11.2019).

Kollmann Tobias, Schmidt Holger (2016): Deutschland 4.0: Wie die digitale Transformation gelingt, Wiesbaden 2016.

Kreutzer Ralf T., Neugebauer Tim, Pattloch Annette (2017): Digital Business Leadership Digitale Transformation – Geschäftsmodellinnovation – agile Organisation – Changemanagement, Wiesbaden 2017.

Kugler Sascha, Anrich Felix (2018): Digitale Transformation im Mittelstand mit System: Wie die KMU durch eine innovative Kultur den digitalen Wandel schaffen, Wiesbaden 2018.

Lichtblau Karl, Stich Volker, Bertenrath Roman, Blum Matthias, Bleider Martin, Millack Agnes, Schmitt Katharina, Volker Stich (2015): Industrie 4.0-Readiness, Köln 2015.

Ludwig Thomas, Kotthaus Christoph, Stein Martin, Durt Hartwig, KurzConstante, Wenz Julian, DoubletThrosten, Becker Maximilian, Pipek Volkmar, Wulf Volker (2015): Arbeiten im Mittelstand 4.0 – KMU im Spannungsfeld des digitalen Wandels, Wiesbaden 2015.

Mertens Peter, Barbian Dina, Baier Stephan (2017): Digitalisierung und Industrie 4.0 – eine Relativierung, Wiesbaden 2017.

Obermaier Robert (2019): Industrie 4.0 und Digitale Transformation als unternehmerische Gestaltungsaufgab, Wiesbaden 2019.

Presse- und Informationsamt der Bundesregierung (Hrsg.): Digitalisierung gestalten: Umsetzungsstrategie der Bundesregierung, Berlin 2019 (abrufbar unter: https://www.bundesregierung.de/resource/blob/992814/1605036/61c3db982d81ec0b4698548fd19e52f1-/digitalisierung-gestalten-download-bpa-data.pdf?download=1, Zugriffsdatum: 16.12.2019).

Reinheimer Stefan (2017): Industrie 4.0: Herausforderungen, Konzepte und Praxisbeispiele, Wiesbaden 2017.

Saam Marianne, Viete Steffen, Schiel Stefan (2016): Digitalisierung im Mittelstand: Status Quo, aktuelle Entwicklungen und Herausforderungen, Mannheim 2018.

Samulat Peter (2017): Die Digitalisierung der Welt: Wie das Industrielle Internet der Dinge aus Produkten Servies macht, Wiesbaden 2017.

Schellinger Jochen, Tokarski Kim Oliver, Kissling-Näf Ingrid (2019): Digitale Transformation und Unternehmensführung, Wiesbaden 2019.

Schröder Christian (2017): Herausforderungen von Industrie 4.0 für den Mittelstand, o. O. 2017.

Spieß Brigitte, Fabisch Nicole (2017): CSR und die Arbeitswelten - Perspektivwechsel in Zeiten von Nachhaltigkeit, Digitalisierung und Industrie 4.0, Berlin 2017.

Staufen AG (Hrsg.): Deutscher Industrie 4.0 Index 2018, Köngen 2018.

Summa Leila (2017): Digitale Führungsintelligenz: „Adapttowin" Wie Führungskräfte sich und ihr Unternehmen fit für die digitale Zukunft machen, Wiesbaden 2017.

Ternés Anabel, Schieke Sebastian (2018): Mittelstand 4.0: wie mittelständische Unternehmen bei der Digitalisierung den Anschluss nicht verpassen, Wiesbaden 2018.

VDI Zentrum Ressourceneffizienz (2017): Ressourceneffizienz durch Industrie 4.0 - Potenziale für KMU des verarbeitenden Gewerbes, Berlin 2017 (BMWi (Hrsg.), abrufbar unter: https://www.ressource-deutschland.de/fileadmin/Redaktion/Bilder/Newsroom/Studie_Ressourceneffizienz_durch_Industrie_4.0.pdf, Zugriffsdatum: 14.11.2019).

Verband Deutscher Maschinen- und Anlagenbau (VDMA) (Hrsg.): Standardisierung & Industrie 4.0 Ihr Schlüssel zu den VDMA-Aktivitäten, Frankfurt 2017 (abrufbar unter: https://industrie40.vdma.org/documents/4214230/18556978/Atlas%20Standardisierung%20und%20Industrie%204.0_1499258935696.pdf/b3ce46b2-7aad-44c7-886f-a4489ff6bbd9, Zugriffsdatum: 02.01.2020).

Vitols Katrin, Schmid Katrin, Wilke Peter (2017): Digitalisierung, Automatisierung und Arbeit 4.0: Beschäftigungsperspektiven im norddeutschen Dienstleistungssektor, o. O. 2017.

Wagner Rainer Maria, Beckert, Rudolf, Deuse Jochen, Hahnzog Simon, Hengstebeck Andre (2017): Industrie 4.0 für die Praxis, Wiesbaden 2017.

Wittpahl Volker (2017): Digitalisierung, Berlin 2017.

Wolf Dietmar, Göbel Richard (2018): Digitalisierung: Segen oder Fluch, Berlin 2018.

Zillmann Mario, Wilk Claus (2016): Smart Factory – Wie die Digitalisierung Fabriken verändert Transformation von der Werkshalle bis zur Unternehmensleitung, o.O. 2016.

Zimmermann Volker (2016): Digitalisierung im Mittelstand: Status Quo, aktuelle Entwicklungen und Herausforderungen, o. O. 2016 (abrufbar unter: https://www.kfw.de/PDF/Download-Center/Konzernthemen/Research/PDF-Dokumente-Fokus-Volkswirtschaft/Fokus-Nr.-138-August-2016-Digitalisierung.pdf, Zugriffsdatum: 25.11.2019).

## Internetquellen

https://www.bitkom.org/Presse/Presseinformation/Digitalisierung-veraendert-die-gesamte-Wirtschaft.html (Zugriffsdatum: 19.11.2019).

https://industrie40.vdma.org/viewer/-/v2article/render/18556992 (Zugriffsdatum: 02.01.2020).

https://www.iao.fraunhofer.de/lang-de/forschung/organisationsentwicklung-und-arbeitsgestaltung/2199-die-organisation-des-industrie-4-0-unternehmens.html (Zugriffsdatum: 11.01.2020).

https://www.bigdata-insider.de/was-ist-das-internet-of-things-a-590806/ (Zugriffsdatum: 11.01.2020).

https://www.bigdata-insider.de/was-ist-big-data-a-562440/ (Zugriffsdatum: 12.01.2020).

https://www.security-insider.de/it-security-umfasst-die-sicherheit-der-ganzen-it-a-578480/ (Zugriffsdatum: 13.01.2020).

https://www.w3u.one/gesellschaftliche-entwicklungen-so-beeinflussen-sie-das-marketing-der-zukunft/ (Zugriffsdatum: 19.11.2019).

https://www.igd.fraunhofer.de/sites/default/files/media/biblio/2014/2014-von-lukas-industrie-4.0-evolution-statt-revolution.pdf (Zugriffsdatum: 20.11.2019).

https://www.boschrexroth.com/en/xc/products/product-groups/electric-drives-and-controls/topics/embedded-control-xm/index (Zugriffsdatum: 05.01.2020).

http://www.eine-frage-der-technik.de/1769-1774.htm (Zugriffsdatum: 21.11.2019).

https://www.industry-of-things.de/retrofit-alte-maschinen-fit-machen-fuer-industrie-40-a-799418/ (Zugriffsdatum: 05.01.2020).

https://www.marktundmittelstand.de/recht-steuern/engagement-besitzt-bei-vielen-mittelstaendlern-eine-lange-tradition-1263791/ (Zugriffsdatum: 21.11.2019).

https://www.boell.de/sites/default/files/assets/boell.de/images/download_de/oekologie/broschuere_dritte_industr_rev.pdf (Zugriffsdatum: 21.11.19).

https://www.handelsblatt.com/politik/international/davos-2016/davos-2016-die-vierte-industrielle-revolution/12836622.html?ticket=ST-20866731-RlrApDJzLOaK7grmiejv-ap4 (Zugriffsdatum: 22.11.2019).

https://www.kfw.de/KfW-Konzern/KfW-Research/Mittelstand.html (Zugriffsdatum: 05.11.2019)

https://www.lmis.de/im-wandel-der-zeit-von-industrie-1-0-bis-4-0/ (Zugriffsdatum:22.11.2019).

https://www.plattform-i40.de/PI40/Navigation/DE/Industrie40/WasIndustrie40/was-ist-industrie-40.html (Zugriffsdatum: 24.11.2019).

https://www.geschaeftsmodelle-i40.de/index.php?id=38 (Zugriffsdatum: 17.12.2019).

https://industrie-wegweiser.de/von-industrie-1-0-bis-4-0-industrie-im-wandel-der-zeit/ (Zugriffsdatum: 22.11.2019).

https://www.bmbf.de/de/zukunftsprojekt-industrie-4-0-848.html (Zugriffsdatum: 23.11.2019).

https://www.fraunhofer.de/de/forschung/forschungsfelder/produktiondienstleistung/industrie-4-0.html (Zugriffsdatum: 23.11.2019).

https://www.tuev-sued.de/management-systeme/industrie-40 (Zugriffsdatum: 23.11.2019).

https://www.plattformi40.de/PI40/Navigation/DE/Plattform/Hintergrund/hintergrund.html (Zugriffsdatum: 23.11.2019).

https://www.plattform-i40.de/PI40/Navigation/DE/Industrie40/WasIndustrie40/was-ist-industrie-40.html (Zugriffsdatum: 23.11.2019).

https://www.gruenderszene.de/lexikon/begriffe/digitalisierung?interstitial (Zugriffsdatum: 24.11.2019).

https://www.harting.com/DE/de/digitalisierung-in-der-industrie-4-0 (Zugriffsdatum: 24.11.2019).

https://power-shift.de/industrie-4-0/ (Zugriffsdatum: 25.11.2019).

https://www.iiconsortium.org/about-us.htm (Zugriffsdatum: 25.11.2019).

https://www.gtai.de/GTAI/Navigation/DE/Trade/Maerkte/suche,t=industrie-40-hat-in-den-usa-hoechste-prioritaet,did=1860130.html (Zugriffsdatum: 25.11.2019).

https://www.giz.de/de/weltweit/71332.html (Zugriffsdatum: 05.11.2019).

https://www.plattformi40.de/PI40/Navigation/DE/Plattform/InternationaleKooperationen/Japan/japan.html (Zugriffsdatum: 06.11.2019).

https://www.ifm-bonn.org/definitionen/kmu-definition-der-eu-kommission/ (Zugriffsdatum: 07.11.2019).

https://eur-lex.europa.eu/legal-content/DE/TXT/PDF/?uri=CELEX:32003H0361&from=EN (Zugriffsdatum: 07.11.2019).

https://www.bmwi.de/Redaktion/DE/Publikationen/Mittelstand/wirtschafts
motor-mittelstand-zahlen-und-fakten-zu-den-deutschen-
kmu.pdf?_blob=publicationFile&v=36 (Zugriffsdatum: 07.11.2019).

https://www.ifm-bonn.org/statistiken/mittelstand-im-
ueberblick/#accordion=0&tab=0 (Zugriffsdatum: 07.11.2019).

https://www.bigdata-insider.de/was-ist-eine-smart-factory-a-643838/
(Zugriffsdatum: 09.11.2019).

http://www.faz.net/aktuell/politik/cyberangriff-auf-den-bundestag-die-
wahre-bedrohung-13642293.html (Zugriffsdatum:08.11.2019).

http://ftp.zew.de/pub/zew-docs/zn/zn1115.pdf (Zugriffsdatum: 07.11.2019).

https://www.automobil-produktion.de/hersteller/audi-erprobt-virtuelle-
montageablaeufe-in-der-produktion-103.html (Zugriffsdatum:
15.11.2019).

https://www.izm.fraunhofer.de/de/abteilungen/rf---smart-sensor-
systems/Forschungsschwerpunkte/Condition_Monitoring_Systeme.html
(Zugriffsdatum: 16.11.2019).

https://www.augmented-minds.com/de/erweiterte-realitaet/was-ist-
augmented-reality/ (Zugriffsdatum: 16.11.2019).

https://www.i-vision.eu/kommissioniermethoden/ (Zugriffsdatum:
19.11.2019).

https://www.iuk.fraunhofer.de/de/forschung-
entwicklung/geschaeftsfelder/produktion-und-logistik.html
(Zugriffsdatum: 19.11.2019).

https://www.computerwoche.de/a/cyber-physical-production-systems-in-
der-praxis,3547568 (Zugriffsdatum:14.11.2019).

https://www.plattform-i40.de/PI40/Redaktion/EN/Use-Cases/265-agent-
based-networks-for-cyber–physica-production-systems-tu-
muenchen/article-agent-based-networks-for-cyber–physica-production-
systems-tu-muenchen.html (Zugriffsdatum: 14.11.2019).

https://www.basicthinking.de/blog/2019/09/20/vorteile-von-5g-
unternehmen/ (Zugriffsdatum: 09.11.2019).

https://www.telekom.com/de/konzern/details/5g-geschwindigkeit-ist-
datenkommunikation-in-echtzeit-544496 (Zugriffsdatum: 09.11.2019).

https://www.spiegel.de/netzwelt/netzpolitik/5g-firmen-und-universitaeten-koennen-lokale-frequenzen-beantragen-a-1297393.html (Zugriffsdatum: 21.11.2019).

https://www.handelsblatt.com/technik/vernetzt/industrie-4-0-haelt-einzug-die-schattenseiten-von-industrie-4-0/10848182-2.html?ticket=ST-16953009-b3VCUDeuQRbAGHfXupu6-ap2 (Zugriffsdatum: 21.11.2019).

http://www.faz.net/aktuell/beruf-chance/arbeitswelt/dgb-studie-belegt-digitalisierung-verursacht-stress-14998136.html (Zugriffsdatum: 20.11.2019).

http://www.kerkhoff-consulting.com/presse/pressemitteilungen/presse-details/news/digitalisierung-stellt-hohe-anforderungen-an-die-kompetenzen-der-mitarbeiter.html (Zugriffsdatum: 20.11.2019).

https://www.spiegel.de/wirtschaft/unternehmen/industrie-4-0-digitalisierung-bedroht-60-000-arbeitsplaetze-a-1059153.html (Zugriffsdatum: 20.11.2019).

https://www.computerwoche.de/a/ueber-die-haelfte-der-kmu-erfolgreich-gehackt,3546999 (Zugriffsdatum: 21.11.2019).

https://www.deutschlandfunk.de/angriffe-auf-unternehmen-cyberattacken-und-spionage.766.de.html?dram:article_id=462774 (Zugriffsdatum: 28.11.2019).

https://www.bmwi.de/Redaktion/DE/Artikel/Wirtschaft/sicherheit-in-der-wirtschaft.html (Zugriffsdatum: 20.11.2019).

https://www.it-sicherheit-in-der-wirtschaft.de/ITS/Navigation/DE/Home/home.html (Zugriffsdatum: 20.11.2019).

https://www.hu-berlin.de/de/wirtschaft/wtt_anfragen_foerderung/initiative-it-sicherheit-in-der-wirtschaft (Zugriffsdatum: 20.11.2019).

https://www.mittelstand-digital.de/MD/Redaktion/DE/PDF-Anlagen/bekanntmachung-bekanntmachung-kompetenzzentrum-einzelhandel.pdf?__blob=publicationFile&v=2 (Zugriffsdatum: 20.11.2019).

https://www.produktion.de/trends-innovationen/id-5-gruende-warum-5g-
fuer-die-vernetzte-fabrik-essenziell-ist-126.html (Zugriffsdatum:
21.11.2019).

https://www.bmwi.de/Redaktion/DE/Artikel/Digitale-
Welt/foerderprogramm-go-digital.html (Zugriffsdatum: 23.11.2019).

https://www.ifm-bonn.org/definitionen/kmu-definition-der-eu-kommission/
(Zugriffsdatum: 07.11.2019).

https://eur-lex.europa.eu/legal-
content/DE/TXT/PDF/?uri=CELEX:32003H0361&from=EN
(Zugriffsdatum: 07.11.2019).

https://www.bmwi.de/Redaktion/DE/Schlaglichter-der-
Wirtschaftspolitik/2019/10/kapitel-1-5-leitbild-2030-fuer-industrie-
40.html (Zugriffsdatum: 24.12.2019).